D0802680

MICROMÉGAS

Dans la même collection :

VOLTAIRE

Micromégas

Présentation, dossier et notes par Jean Goulemot

LE LIVRE DE POCHE

Ancien membre de l'Institut universitaire de France et professeur émérite à l'Université de Tours, Jean Goulemot est spécialiste de la littérature française du XVIIIe siècle. Il a, dans Le Livre de Poche classique, édité *L'Île des esclaves* de Marivaux et *Aline et Valcour* de Sade.

Genèse de Micromégas

1. Les origines lointaines

Le texte de *Micromégas* a été publié en 1752, alors que Voltaire se trouvait en Prusse, mais sa date de composition est demeurée longtemps incertaine. On sait, par une lettre de Voltaire de février 1751, que le manuscrit du conte existait, dans la forme de sa première publication, au début de 1751. Une tradition critique, qui a duré jusque vers 1950, avançait que *Micromégas* avait été composé entre *Zadig* et *Candide*. Les remarquables travaux de Ira Wade ont modifié ces données. *Micromégas* a connu une première version sous un autre titre, *Voyage du baron de Gangan*, que Voltaire, après lui en avoir annoncé l'envoi en avril 1739, fait parvenir en juin 1739 à Frédéric de Prusse :

« Je prends la liberté d'adresser à Votre Altesse royale une petite relation, non pas de mon voyage, mais de celui de M. le baron de Gangan. C'est une fadaise philosophique qui ne doit être lue que comme on se délasse d'un travail sérieux avec les bouffonneries d'Arlequin. Le respectable ennemi de Machiavel aura-t-il quelques moments pour voyager avec ce baron de

Gangan ? Il y verra au moins un petit article plein de vérité sur les choses de la terre. »

Frédéric accuse réception le 7 juillet 1739 :

> « Mon cher ami,
> « J'ai reçu l'ingénieux voyage du baron de Gangan, sur le point de mon départ de Rémusberg. Il m'a beaucoup amusé, ce voyageur céleste ; et j'ai remarqué en lui quelque autre satire et quelque malice qui lui donne beaucoup de ressemblance avec les habitants de notre globe, mais qu'il ménage si bien, qu'on voit en lui un jugement plus mûr et une imagination plus vive qu'en tout être pensant... »

La correspondance fait encore une fois une allusion à ce voyage. Puis c'est le silence, et on n'a jamais retrouvé le manuscrit du conte. Mais certaines des expressions des lettres échangées rendent vraisemblable l'hypothèse d'une filiation entre le baron Gangan et Micromégas. Ils sont l'un et l'autre des voyageurs célestes, et Frédéric souligne les qualités d'observateur du baron, son statut de philosophe, et dans la suite de la lettre « son appréciation intrinsèque des choses ». Ces remarques valent évidemment aussi pour Micromégas. Le conte serait enfin, selon Voltaire, « une fadaise » (« Sottise, bagatelle sotte et ridicule » d'après le dictionnaire de Richelet), mais « philosophique » (devant inciter à la sagesse).

2. *L'écriture et ses problèmes*

Sans trop forcer le texte, on peut trouver des correspondances assez précises entre les éléments fournis par ces trois lettres et le texte de *Micromégas* que nous connaissons aujourd'hui. Toutes les qualités prêtées au baron se retrouvent chez Micromégas. Avec pourtant

des différences. Le nom de Gangan relève de la farce
à la Swift ou du rire rabelaisien, celui de Micromégas,
formé sur des mots grecs, possède une autre profondeur. Il insiste sur une vision de l'homme et du monde.
Selon la formule de Jacques Van den Heuvel, « chaque
être — dans l'univers — apparaît comme une tension
entre le *micron* et le *mega*[1] ». Dans sa lettre, Frédéric
évoque, pour le refuser, « l'article » élogieux que le
voyage de Gangan lui aurait consacré. Dans la version
publiée en 1752, pas de trace d'une telle flatterie. Mais
ces différences peuvent être expliquées si l'on admet
des corrections apportées à son texte par Voltaire à
Berlin, alors que les relations avec Frédéric commen-
cent à se dégrader, et par le passage d'une « fadaise » à
une « histoire philosophique ». Rappelons que Voltaire
écrira à la *Bibliothèque impartiale* de juin 1752 pour
critiquer l'édition de *Micromégas* (52 A)[2], en indi-
quant que *Micromégas* est « une ancienne plaisanterie ».

La minutieuse enquête menée par Ira Wade a montré
que les allusions à l'actualité, les préoccupations philosophiques ou scientifiques que contient *Micromégas*,
renvoient aux années 1737-1739. Il est fait allusion au
naufrage que subit l'expédition de Maupertuis, dont les
mesures confirment les hypothèses de Newton sur la
forme et les dimensions du globe terrestre, conclusions
que le philosophe et Mme du Châtelet avaient accueil-
lies avec enthousiasme, et sur lesquelles Voltaire
était revenu dans les *Éléments de la philosophie de
M. Newton* de 1738. On peut remarquer aussi que Voltaire, s'il avait rédigé son conte en 1751 sans tenir
compte d'une version antérieure, eût été bien mal inspiré de choisir un épisode particulièrement glorieux de
la carrière de Maupertuis, avec qui il commençait à se

---

1. Voltaire, *Romans et contes*, Bibliothèque de la Pléiade, p. 694.
2. Voir Bibliographie, p 78.

fâcher. En outre le portrait de Fontenelle, secrétaire de l'Académie des sciences de Paris (et de Saturne), dont Voltaire ne cesse de se moquer, renvoie à des aigreurs voltairiennes, où se mêlent désaccords scientifiques et jalousie amoureuse des années de Cirey[1].

Tous les détails concordent, et chacun des traités scientifiques cités fait référence à des lectures faites à Cirey et utilisées par Voltaire à cette époque, comme celles de Derham, de Huyghens ou du père Castel qui apparaissent dans les *Éléments de la philosophie de M. Newton*, mais qui ne correspondent plus aux intérêts et aux préoccupations de Voltaire dans les années 50. Ainsi pour le père Castel : encensé dans les *Éléments*, Castel, qui en fit un compte rendu critique dans les *Mémoires de Trévoux*, se voit condamné au *Sottisier*, où Voltaire consignait les bêtises rencontrées dans ses lectures.

Ne faut-il pas admettre que le texte initialement écrit en 1738-1739 a été réécrit en 1750, et donc qu'on serait en présence d'une sorte de composition par couches ? Mais il est étonnant alors qu'on ne rencontre aucune allusion aux événements ou aux hommes de ces mêmes années 50. L'hypothèse de William Barber, selon laquelle les philosophes qui interviennent en fin de conte pour répondre aux questions de Micromégas seraient autant de confrères de l'Académie de Berlin, manque de fondement.

3. *Avant la publication*

On a avancé l'hypothèse que *Micromégas* fut un divertissement que Voltaire offrit à la société de Cirey au cours de l'hiver 1738-1739. On jouait des tragédies ou l'on organisait, le soir, une représentation avec des

---

1. Voir la Chronologie, p. 70.

marionnettes ou avec une lanterne magique. Les visiteurs à Cirey comme Mme Graffigny (1695-1758) en ont été témoins. Voltaire projetait des images et improvisait. Il donnait à ses hôtes « la lanterne magique avec des propos à mourir de rire [1] ». On brocardait, on riait. Certains critiques, forts de ces témoignages, ont émis l'hypothèse que peut-être *Micromégas* fut, avant d'être un conte, une brillante improvisation, qui donna à Voltaire l'idée de l'écrire pour lui donner forme. Il n'y a aucune preuve factuelle, mais il faut reconnaître avec Jacques Spica [2] que *Micromégas* se prête admirablement au découpage en scènes accompagnées d'un commentaire... Il y aurait eu 5 tableaux [3]... Une telle hypothèse a le mérite de nous rappeler que *Micromégas* est d'abord une fantaisie, qui mêle un peu tout : références scientifiques, allusions à l'actualité, souvenirs de récits fantastiques venus de Swift ou de Cyrano de Bergerac, allusions aux théories scientifiques et aux doctrines métaphysiques et éléments de farce. Comme les ombres de la lanterne magique, les personnages sont caricaturaux : ils ne sont même pas des symboles, comme on a trop tendance à le croire. Seulement des ombres avec aussi peu de réalité que les pantins du théâtre Jarry ou des soties médiévales.

Sans refuser totalement une telle hypothèse, on peut rappeler que le conte philosophique, tel que Voltaire le pratique, fait des héros l'incarnation d'une position

---

1. Mme Graffigny, lettre du 11 décembre 1738.   **2.** Voltaire, *L'Ingénu, Micromégas*, édition par Jacques Spica, Paris, « Univers des Lettres », Bordas, 1984, p. 99-100.   **3.** Voir le découpage proposé p. 100. Mais on peut se demander si tous les contes de Voltaire ne sont pas aptes à se plier à de tels découpages. Certains illustrateurs de *Candide*, comme l'Américain Samuel Adler, semblent avoir utilisé pour mettre leurs dessins en séquence de telles virtualités du conte. Voir à ce propos Jean Goulemot, André Magnan, Didier Masseau, *Inventaire Voltaire*, Gallimard, « Quarto », 1995, pp. 196-201 pour les planches et leur commentaire par André Magnan.

philosophique, pour laquelle l'apprentissage de la sagesse n'entraîne pas pour autant une modification du discours philosophique. Candide, conduit par la dureté du monde à la sagesse, semble raisonner aussi peu que lorsqu'il partageait l'optimisme de Pangloss. Il a changé de philosophie, de maître à penser, sans que se modifie son mode d'adhésion à leur doctrine.

Structure et écriture

1. *Une structure*

Le texte est court, une vingtaine de pages. Il appartient à la série des contes brefs, composant une catégorie moyenne entre les grands textes comme *Candide* et les textes non découpés en chapitres comme *Le Crocheteur borgne, Cosi-Sancta, Le Songe de Platon...* Le strict découpage de *Micromégas* pourrait conforter l'hypothèse des ombres chinoises dont la représentation implique une suite rigoureuse de tableaux. On a donc là un récit de dimension moyenne, comportant sept chapitres d'égale longueur. Dans ce voyage de Micromégas les étapes sont nettement marquées : de Sirius à Saturne (chapitre 1) ; étape à Saturne (chapitre 2) ; voyage à nouveau (chapitre 3) ; arrivée sur le globe terrestre (chapitre 4) ; premières approches de la Terre par nos deux voyageurs (chapitre 5) ; rencontre avec les humains (chapitre 6) ; conversation avec les hommes et départ (chapitre 7). On a la même séquence répétée deux fois : voyage/ conversation, mais dans la deuxième la conversation n'est pas immédiate comme si Voltaire voulait démontrer que plus on s'éloigne de sa patrie, donc de sa culture, et moins l'échange est facile. Il y a là reprise d'un thème utopique traditionnel

— comment accéder au langage de l'autre ? — et en même temps une notation réaliste sur la difficulté à communiquer, dont l'optimisme des Lumières ne tient pas toujours compte.

Chaque escale se solde par une rencontre : du Sirien avec le Saturnien et poursuite du voyage avec lui ; puis les deux voyageurs abordent une nouvelle planète inconnue dont ils vont découvrir les habitants. La séquence, ainsi décrite, se répète encore une fois avec pourtant quelques variations. Malgré quelques milliers de pieds de différence, Micromégas et le nain sont gens du même monde. Leur dialogue prouve qu'ils ont la possibilité immédiate de communiquer. Ils possèdent un statut, partagent des savoirs et éprouvent, avec des différences, un goût commun pour la connaissance. Le voyage qu'ils entreprennent insiste moins sur les effets de grossissement, comme le premier, que sur les données scientifiques (chap. 3). C'est enfin l'escale sur la Terre qui contient des péripéties nombreuses et des dialogues variés. Elle s'achève par un nouveau départ des voyageurs ; on ne sait vers quelle destination. Le lecteur ne les accompagne plus, il demeure aux côtés des Terriens, ses semblables.

Ce changement d'optique révèle le sens profond du conte. Si les trois premiers chapitres jouent de l'étrangeté des voyageurs, des autres mondes habités et du voyage interstellaire, à partir du chapitre 4 l'étrangeté mise en scène est celle des Terriens, c'est-à-dire de nous-mêmes : physique d'abord, intellectuelle et philosophique ensuite. Le conte invite le lecteur à changer de rôle, à philosopher lui aussi non pas sur des créatures imaginaires mais sur l'Homme.

2. *Un étrange récit de voyage*

Traditionnellement on rattache *Micromégas* aux récits de voyages imaginaires, selon la catégorie qu'invente le XVIIIe siècle, aux *Voyages de Gulliver* de Jonathan Swift (1726) et un peu plus en amont à l'*Histoire comique des États et empires de la Lune et du Soleil* de Cyrano de Bergerac (1657, 1662). La traduction des *Voyages de Gulliver* (1727) par l'abbé Desfontaines est, à dix ans près, contemporaine de la rédaction de *Micromégas*. Voltaire, qui détestait Pierre François Guyot Desfontaines (1685-1745), lut et apprécia sa traduction de Swift qui connut un très vif succès[1]. Quant aux œuvres de Cyrano, elles appartenaient à la panoplie des milieux libertins que le jeune Arouet avait fréquentés. Il était là en pays de connaissance.

La filiation paraît donc évidente. Quand on y regarde d'un peu plus près, elle est trompeuse et gomme les différences. Gulliver et Cyrano sont des Terriens qui visitent des mondes inconnus, pour l'un célestes, pour l'autre terrestres. Leur regard est celui d'hommes qui se trouvent transportés dans des espaces autres : lune, soleil, Lilliput, Brobdingnag, Puta ou royaume des Houyhnhnm. Sans qu'il s'agisse de mondes utopiques. Ce qui crée la différence, chez Swift, ce n'est pas la découverte d'une perfection quelconque, mais un changement d'échelle qui fait passer le narrateur du statut de géant à celui de nain et modifie l'image que nous avons de l'homme et du monde. Rien n'est parfait avec Swift : les Yahoo sont ignobles, Lilliput est déchiré de luttes intestines, dans le royaume de Puta les savants sont fous. Dans les deux premiers épisodes, Gulliver,

---

1. La traduction des *Voyages de Gulliver* par Desfontaines connut sept éditions durant l'année 1727. En 1730, Desfontaines publia *Le Nouveau Gulliver ou Voyage de Jean Gulliver, fils du capitaine Gulliver*, Paris, 1730. Le texte fut traduit en allemand en 1761, en danois en 1768 et en russe en 1780.

exception faite de la taille des habitants, ne découvre pas des mondes radicalement différents. Les Lilliputiens ont nos vices, auxquels Gulliver s'adapte et dont il tire profit. À chaque fois, au-delà des apparences, il retrouve l'humanité. Ainsi le voyageur apprend à regarder sans préjugés ni mépris l'infiniment petit ou l'infiniment grand. Le point de vue demeure pourtant anthropocentrique jusqu'à la découverte des Houyhnhnm.

C'est dire que Voltaire mélange deux genres : le voyage d'un Européen aux pays de l'ailleurs, mais en faisant que l'ailleurs soit notre propre monde, et le voyage d'un étranger parmi nous, récit dont les philosophes ont usé et abusé. Micromégas joue le rôle bien connu de l'étranger au regard neuf qui démasque nos absurdités et nos incohérences. Il est en ce sens plus lucide que le Saturnien. Il y a chez lui du Persan ou du Huron sans même qu'on s'en rende compte. Comment est-il à même de mettre à nu, de démystifier nos croyances et nos habitudes de pensée ? Tout tient à sa taille et à ses préjugés. Imbu de sa puissance physique, il doute que les Terrestres, « mites », « fourmis »... puissent penser et raisonner. Ses observations lui prouvent qu'il se trompait.

3. *Un texte parodique*

Pour les lecteurs de l'époque, le texte de *Micromégas* possédait une valeur parodique, moins évidente aujourd'hui. Voltaire y réécrit des textes contemporains et une telle réécriture amusait ses lecteurs. Ainsi le départ de Micromégas démarque celui d'Usbek condamné pour des raisons assez semblables à s'éloigner d'Ispahan (*Lettres persanes*, lettre 1). La description du voyage utilise les ressources offertes par Cyrano de Bergerac en les adaptant aux savoirs scientifiques contemporains. Alors que celui-ci s'élevait dans les airs grâce à des flacons de rosée qui s'évaporaient, Micromégas profite de la gravitation. Bien d'autres éléments du voyage utopique sont ici parodiés ou détournés. Il y a bien un naufrage, mais ce sont les habitants de la terre découverte qui en pâtissent. Les rôles sont inversés : la terre découverte n'accueille pas les voyageurs, ce sont eux qui s'imposent à elle. Le monde nouveau n'est pas décrit en termes élogieux, mais dans l'optique des géants pour qui mers et montagnes sont insignifiantes. Bien des éléments manquent et, importante différence avec l'utopie, l'accent est mis ici sur la fragilité des Terriens qui finiront par échouer dans la culotte du géant. Gulliver a commandé l'écriture parfois burlesque de tels épisodes. Pour fonder sa crédibilité, l'utopie utilise volontiers des données chiffrées, et des comparaisons pour prouver sa différence et sa supériorité sur le monde réel. Rien de tel ici. L'énormité fantaisiste des chiffres, unie au sérieux avec lequel ils sont avancés, relève de la parodie comique.

L'utopie se pose toujours le problème de sa communication. Le voyageur, de retour, en fait le récit à un témoin, ou publie son journal de bord. Il s'adresse en priorité à ses compatriotes. Ici, le récit de Micromégas a été confié au narrateur, qui eut « l'honneur de [le] connaître dans le dernier voyage qu'il fit sur notre petite fourmilière » (p. 29). L'utopie s'interroge sur les possibilités d'échange entre les voyageurs et les habitants du monde inconnu. Elle s'invente un intermédiaire qui connaît les deux mondes et parle les deux langues (le sage vieillard de l'Eldorado de *Candide*). L'épisode traditionnel devient ici totalement burlesque : Micromégas utilise une coupure d'ongle pour en faire un cornet acoustique et, en écoutant grâce à lui les naufragés, apprend leur langue.

La parodie s'en prend aussi à la vulgarisation scientifique, telle que l'avait pratiquée Fontenelle dans l'*Entretien sur la pluralité des mondes*. Ici Voltaire se moque de son style désuet et précieux (p. 34)[1]. Il parodie aussi dans le dernier chapitre des discours métaphysico-scientifiques, en reprenant très largement la critique des *Lettres philosophiques* (lettres 13 et 14) et des souvenirs lointains des discours sorbonnicoles dont se moquait Rabelais. Voltaire s'amuse donc, mais son rire n'est pas gratuit. *Micromégas* est une « histoire philosophique ».

Une « histoire philosophique »

1. *Le poids de la science*

Essayons de retrouver le Voltaire des années de rédaction de *Micromégas*. Il est à Cirey, en Lorraine, en compagnie de la marquise du Châtelet, intelligente et passionnée de sciences. Grâce à elle, Voltaire, que son séjour en Angleterre a déjà rendu attentif au mouvement scientifique, se passionne et pour les sciences et pour la Bible. On peut s'étonner de cette inattendue cohabitation si l'on oublie que Voltaire met au service de sa lecture de la Bible ce que la pratique du laboratoire lui a appris de la méthode critique. Il adoptera face à l'expérience immédiate et à la Bible prise au sens premier la même distance critique.

Voltaire se livre aussi à de nombreuses lectures scientifiques, qui confortent et approfondissent son ini-

---

1. Le surnom donné à l'habitant de Sirius, « le nain », au-delà de la différence de taille, fait sans doute allusion à une formule de Fontenelle dans la querelle des Anciens et des Modernes, qui faisait des Modernes des nains juchés sur les épaules des géants.

tiation londonienne. Il en livrera l'essentiel dans les
*Éléments de la philosophie de Newton mis à la portée
de tout le monde*, qui, refusé en France paraît en Hollande en 1738. Le livre est attaqué par les antinewtoniens : l'abbé Nollet dénonce la substitution, vaine à
ses yeux, des « systèmes chimériques d'attraction »
aux « tourbillons » de Descartes. Voltaire publie une
édition revue et corrigée de son ouvrage en 1740 en y
ajoutant un essai annexe, *La Métaphysique de Newton*.
Son enthousiasme pour la science à partir de cette date
ne cesse de décliner, comme le prouvent les éditions
ultérieures des *Éléments*.

Voltaire s'essaie aussi aux travaux de laboratoire. Il
en naîtra un *Essai sur la nature du feu et sur sa propagation* que le philosophe présente au concours de
l'Académie des sciences en 1738 en même temps
qu'un mémoire de Mme du Châtelet, qui porte le
même titre. S'ils ne furent ni l'un ni l'autre couronnés,
Voltaire en acquit une connaissance plus exacte de
l'expérimentation scientifique, dont on trouve trace
dans *Micromégas*. Car cette « histoire philosophique »
est d'abord un état des connaissances et des lectures
de Voltaire, comme l'a montré avec précision Ira
Wade. Et pour en revenir une fois encore aux conditions de publication du texte, on peut même imaginer
que la cohabitation à l'Académie de Berlin avec Maupertuis, dont on parlait avec enthousiasme à Cirey,
malgré la brouille qui couve, a pu l'inciter à reprendre
son manuscrit.

2. *Les débats scientifiques*

C'est d'abord autour du concept d'observation que
s'organise d'entrée la réflexion de Voltaire. Micromégas est décrit dès le chapitre 1 comme un expérimenta-

teur — il a disséqué de nombreux insectes —, un observateur — il observe la Voie lactée qu'il traverse —, un savant informé des théories les plus récentes — il « connaissait merveilleusement les lois de la gravitation » — et qui ne manque pas de sens pratique puisqu'il les utilise pour se déplacer. Ce qui va expliquer ses comportements : d'abord son refus d'une science trop mondaine (chapitre 2) et ensuite sa volonté d'entreprendre, muni d'instruments scientifiques, un « voyage philosophique » (p. 39). Les questions que pose le Sirien sur la durée de la vie, le nombre de sens que possèdent les Saturniens, illustrent son désir de savoir, son adhésion au sensualisme[1] et l'impossibilité revendiquée de séparer science et philosophie, au sens de réflexion sur l'homme et le monde et conquête de la sagesse.

La mise en scène de l'observation immédiate quand ils arrivent sur la Terre possède une valeur exemplaire. « Ils se baissèrent, ils se couchèrent, ils tâtèrent partout... » C'est là une observation sauvage, dont Voltaire fait immédiatement la critique : « leurs yeux et leurs mains n'étant point proportionnés aux petits êtres qui rampent ici, ils ne reçurent pas la moindre sensation qui pût leur faire soupçonner que nous et nos confrères les autres habitants de ce globe avons l'honneur d'exister » (p. 42). Ce qui revient à dire que l'observation directe est insuffisante pour l'infiniment petit, grand ou lointain. Les sens se révèlent impuissants ou trompeurs. C'est l'erreur du nain « qui jugeait quelquefois un peu trop vite », et déduit qu'il n'y a personne sur la Terre parce qu'il n'y a vu personne. Et c'est le sens de la critique que Micromégas, plus avisé, lui adresse en ajoutant qu'on doit admettre les différences et ne pas tout juger à l'aune de ce que l'on

---

1. ·C'est-à-dire la doctrine selon laquelle toute connaissance nous vient des sensations.

connaît ou de ce que l'on est. La Terre ne peut être jugée uniquement selon l'ordre de Sirius.

L'observation demande donc, dans certains cas, l'utilisation d'instruments techniques aptes à suppléer aux déficiences des sens. Et *Micromégas* raconte, à sa manière, la découverte accidentelle du microscope par le Saturnien. Grâce à cela, il verra, nageant entre deux eaux, une baleine, puis sur la mer un vaisseau. Mais pour l'appréhension de l'infiniment petit les instruments adéquats représentent une condition nécessaire mais non suffisante. Il faut aussi se garder d'une induction trop hasardeuse à partir d'une observation ponctuelle comme celle qui conduira le Saturnien à considérer que la Terre entière est peuplée de baleines, sous prétexte que lors d'une première observation il en a vu une. Et éviter de céder à ses préjugés et, pensant que les Terriens si petits n'ont ni esprit ni âme, les considérer comme des animaux dont l'unique activité serait la copulation. Comment croire, quand on est un géant pour les Terriens et un nain pour le Sirien, que ces Terriens, espèces de petits atomes à peine visibles, possèdent la parole et peut-être une âme ? L'observation idéale sera donc une synthèse équilibrée entre les données observées grâce à la technique et, sans céder aux préjugés, le témoignage des sens — les hommes ne se manifestent-ils pas par un « picotement » dans la main du Sirien (p. 46) ? Elle implique un effort sur soi et une extériorité du savant au monde qu'il observe. C'est le prix à payer pour constituer un savoir.

Ces hommes, minuscules au regard du Sirien, se révèlent des êtres parlants et pensants. Que les hommes pensent, c'est bien peu, l'important est qu'ils calculent. La mite humaine qui ne peut percevoir le Sirien perdu dans la nuée, parvient cependant à calculer sa hauteur. La science apparaît à la fois comme un langage universel et comme le signe le plus évident de la grandeur de l'esprit humain. C'est par les mesures chiffrées que peut se décrire le monde [1].

3. *La sagesse voltairienne*

Micromégas offre au lecteur une magnifique leçon de « gai savoir » digne de la tradition humaniste d'un Rabelais. La sagesse voltairienne tient d'abord à son écriture, ironique, drôle, volontiers irrespectueuse. Aussi bien envers les géants et leurs mondes qu'envers les Terriens souvent ridicules, et envers le lecteur lui-même, dont il n'hésite pas à se moquer. On passe assez brutalement du sourire au rire ou de l'ironie au burlesque et à la farce. Le burlesque est fréquent dans *Micromégas*. Il est manifeste quand le récit joue sur les disproportions, s'engage dans la parodie, ou va même jusqu'à pratiquer le *nonsense* à l'anglaise en notant que les voyageurs « mangèrent à leur déjeuner deux montagnes que leurs gens leur apprêtèrent assez proprement » (chap. 4). Le sourire et le rire représentent non seulement une option pédagogique, instruire en divertissant, mais aussi une prise de position philosophique. Face aux mystères de la création, à ce que l'homme ne connaît pas et qu'il ne connaîtra peut-être jamais, Voltaire choisit le rire, qui est une forme d'acceptation et de mise à distance, qui éloigne la tentation d'un sentiment tragique de la vie éprouvé face à ses mystères. Le rire représente le refus d'une sensation de vertige et d'angoisse qui pourrait saisir l'homme face à l'univers. Provoqué chez le lecteur, il est déjà une philosophie.

On ne peut isoler *Micromégas* des autres œuvres que

1. Ces deux pratiques, l'observation et la mesure, posées comme bases de tout savoir, on tiendra paradoxalement pour relativement secondaires ici l'adhésion de Voltaire à la théorie de la gravitation selon Newton, son acceptation d'un globe terrestre aplati aux pôles comme l'avaient montré La Condamine et Maupertuis.

Voltaire rédige de 1735 à 1739 ni en faire une stricte illustration des *Éléments*. À la même époque il publie le *Traité de métaphysique*, le *Discours en vers sur l'homme* qu'il imite de Pope (1688-1744), et c'est à partir d'eux que se construit la leçon de sagesse à laquelle *Micromégas* convie son lecteur. Les questions que posent les héros du conte constituent d'ailleurs l'armature même du *Traité*[1]. Les aventures de l'habitant de Sirius offrent une magistrale leçon de relativisme et de modération. Micromégas, dit le conte en ouverture, est un « nom qui convient fort à tous les grands ». Il existe en effet des êtres plus grands, vivant plus longtemps que les Siriens, et d'autres comme les Saturniens qui leur sont inférieurs en taille et en durée. Et tout prouve qu'il en existe d'autres encore très différents. Ce qui vaut pour les êtres pensants vaut pour chaque chose. Une mer pour les uns est une mare pour les autres et une montagne une bosse minuscule. D'où la sottise de vouloir tirer orgueil de ce que l'on est et l'absurdité même du sentiment de supériorité : voilà la plus évidente leçon de sagesse de *Micromégas*. Pas si facile à retenir au demeurant, à preuve le Saturnien et ces Terriens qui, sous prétexte de donner une leçon de modestie aux voyageurs, s'abandonnent à une assez sotte vanité.

Ce relativisme représente aussi, à sa manière, une certaine conception de l'univers comme un monde de « proportions ». Rien n'y est absolu, tout y est relatif et s'inscrit dans un ensemble de rapports. Le problème est posé, dès lors, de son unité. « Il est des hommes comme des arbres », affirme le *Traité de métaphysique* pour souligner cette diversité contradictoire. D'où la

---

1. Le *Traité de métaphysique* s'ouvre sur des « Doutes sur l'homme ». « Peu de gens s'avisent d'avoir, écrit Voltaire, une notion bien entendue de ce que c'est que l'homme. » Un chapitre traite de l'existence de Dieu, un autre du sensualisme, un troisième de l'âme, un autre de la liberté de l'homme.

quête de ce qui est commun au Sirien, au Saturnien et aux fourmis qui peuplent la Terre. D'abord la faculté de penser, puis la raison et enfin un parfait usage des sciences exactes. Mais aussi les passions aveugles qui règnent sur la Terre comme au Ciel dans Sirius et inspirent également tueries, muphtis et inquisiteurs. Faut-il se désespérer parce que sur les immenses planètes ou sur notre tas de boue règnent l'intolérance et le malheur, parce que si notre désir de connaître est infini, notre capacité à comprendre est limitée ? Doit-on céder au vertige des infinis, au constat angoissé de notre impuissance ou s'en remettre à une vérité figée ? Sous le rire salvateur, *Micromégas* écarte la tentation pascalienne. Le livre aux pages blanches prouve qu'il n'y a pas de savoir absolu et définitif. Le relativisme engendre la modération, qu'on appellera ici acceptation des limites, refus des croyances et des spéculations inutiles et dangereuses. Le conte propose, comme le *Traité de métaphysique*, une sorte de savoir minimum. Dieu existe, l'homme possède une âme et la faculté de penser et de calculer. Au-delà de ces quelques certitudes, commence l'aventure des interrogations et des incertitudes d'autant plus vives qu'elles sont indémontrables. Qui franchit ces limites et ces bornes est guetté par l'enthousiasme du fanatique et par l'intolérance.

Jean GOULEMOT

VOLTAIRE

MICROMÉGAS

HISTOIRE PHILOSOPHIQUE

Vignettes en couleurs de

Joseph Hémard

RENÉ KIEFFER, ÉDITEUR
18, rue Séguier, Paris, 1923

Page de titre de *Micromégas*,
illustré par Joseph Hémard, 1923

NOTE SUR L'ÉTABLISSEMENT DU TEXTE

On trouvera dans la bibliographie, p. 75, une présentation des différentes éditions de *Micromégas*. Nous suivons ici les *Œuvres / de / Mr de Voltaire /* Nouvelle édition / revue / et corrigée / et considérablement augmentée / par l'auteur / enrichie de figures en taille-douce / Tome Dixième / À Dresde 1754 / chez George Conrad Walther / Librairie du Roi / avec privilège. Nous indiquons cependant des suggestions de Frédéric Deloffre et Jacques Van den Heuvel dans leur édition remarquablement établie des *Romans et contes*, dans la Bibliothèque de la Pléiade, édition à laquelle ce travail, qui lui doit beaucoup pour l'établissement du texte, rend hommage.

Nous avons d'autre part suivi les indications fournies par Ira Owen Wade, dont on ne louera jamais assez l'extraordinaire apport, dans son *Voltaire's* Micromégas, *a study in the fusion of science, myth and art*, Princeton University Press, 1950.

Les notes ont été établies à partir des dictionnaires des XVIIe et XVIIIe siècles : dictionnaires de l'Académie (A), de Richelet (R), de Furetière (F), de l'*Encyclopédie* de Diderot et d'Alembert (E), et du *Dictionnaire critique de la langue française* (1787) de Jean-François Féraud (Fé).

*« Quant à son esprit, c'est un des plus cultivés que nous
ayons ; il sait beaucoup de choses, il en a inventé quelques-
unes... »* (p. 31)

Aquarelle de Charlemagne, 1945

MICROMÉGAS[1]

Histoire philosophique[2]

---

1. Le nom est formé de deux mots grecs : *micron* au sens de petit et *mega* au sens de grand. Cette union contradictoire produit un effet comique, mais indique aussi le caractère irréaliste de la fiction et un des thèmes essentiels de cette « histoire philosophique » : le relativisme des notions de petit, grand, vrai, faux... que nous posons trop souvent comme des absolus.   **2.** Le terme « histoire » est peu employé pour désigner un genre littéraire. On entend par Histoire « la narration des actions et des choses dignes de mémoire » (A, 1776) et on peut prendre le mot histoire ici en ce sens. L'expression « histoire philosophique » employée par Voltaire n'est pas répertoriée par les dictionnaires contemporains qui relèvent « Histoire secrète, Histoire anecdote, Histoire scandaleuse, Histoire véritable, Histoire fabuleuse » comme autant de genres de récits.

« ... ils allèrent aisément de lune en lune. » (p. 40)
Aquarelle de Charlemagne, 1945

CHAPITRE PREMIER

VOYAGE D'UN HABITANT DU MONDE DE L'ÉTOILE SIRIUS[1] DANS LA PLANÈTE DE SATURNE[2][a]

Dans une de ces planètes[b] qui tournent autour de l'étoile nommée Sirius, il y avait un jeune homme de beaucoup d'esprit, que j'ai eu l'honneur de connaître dans le dernier voyage qu'il fit sur notre petite fourmilière[3] ; il s'appelait Micromégas, nom qui convient fort à tous les grands. Il avait huit lieues[4] de haut : j'entends, par huit lieues, vingt-quatre mille pas géométriques[5] de cinq pieds[6] chacun.

---

1. Sirius est l'étoile la plus brillante du ciel. Elle appartient à la constellation du Grand Chien. **2.** Saturne est une des principales planètes du système solaire. Elle possède dans son plan équatorial un ensemble d'anneaux concentriques. **3.** La fourmilière est le « lieu où se retirent les fourmis ». Au sens figuré on dit « une fourmilière de peuples. Il y a une fourmilière de pauvres. Une fourmilière de souris, de vers, de serpens... pour signifier un grand nombre de personnes, une grande quantité d'insectes » (A). Ici Voltaire emploie le mot « fourmilière » pour désigner la Terre. Il veut insister sur la petitesse de notre monde par rapport à l'univers, de l'homme par rapport à Micromégas, mais aussi sur son activité. **4.** À l'époque, la lieue ne représente pas une distance fixe. Il existe des « lieues ordinaires de 3 000 pas, de plus grandes de 4 000, des moindres de 2 000 ». Selon le *Dictionnaire* de Littré (XIXe siècle), la lieue correspond à environ 4 000 mètres. **5.** Le pas est « l'espace qui se trouve d'un pied à l'autre quand on marche » (A). Selon les dictionnaires, on l'appelle « pas géométrique ». Voltaire affectionne la formule car elle produit un effet (tout illusoire) de précision. La précision par « pas » et « pieds » des huit lieues est ironique, car faussement exacte. **6.** « Mesure géométrique de 12 pouces de

Quelques algébristes[1], gens[a] toujours utiles au public, prendront sur-le-champ la plume, et trouveront que, puisque monsieur Micromégas, habitant du pays de Sirius, a de la tête aux pieds vingt-quatre mille pas, qui font cent vingt mille pieds de roi[2], et que nous autres, citoyens[3] de la terre, nous n'avons guère que cinq pieds, et que notre globe a neuf mille lieues de tour ; ils trouveront, dis-je, qu'il faut absolument que le globe qui l'a produit ait au juste[4] vingt et un millions six cent mille fois plus de circonférence que notre petite terre. Rien n'est plus simple et plus ordinaire dans la nature. Les états de quelques souverains d'Allemagne ou d'Italie[5], dont on peut faire le tour en une demi-heure[b], comparés à l'empire de Turquie[6], de Moscovie[7] ou de la Chine[8], ne sont qu'une très faible

---

long ». Avant le système métrique, le pouce représentait un peu moins de 2,8 centimètres et le pied environ 33 centimètres.
   1. « Celui qui s'adonne à l'Algèbre, qui fait des opérations algébriques ». Le mot n'est pas attesté par l'Académie, mais est donné par (Fé) et (R). On définit au XVIIIᵉ siècle l'algèbre comme « la science du calcul des grandeurs représentées par des lettres ».   **2.** Dans la définition du mot « pied », (Fé) donne comme exemples « pied de roi ; pied cube, pied géométrique » sans plus d'indication. Dans la France d'Ancien Régime, les mesures ne sont pas unifiées et varient selon les provinces. Le pied de roi représente vraisemblablement une variété du pied.   **3.** Quand il s'emploie sans préposition, signifie qui est zélé pour sa patrie. Avec la préposition (citoyen de), ne se dit que des républiques antiques comme Rome, Sparte... L'emploi est ici ironique car le citoyen est habitant d'une ville ou d'une cité (A).   **4.** Justement et précisément (A).   **5.** L'Allemagne est selon les dictionnaires de géographie de l'époque un pays situé au milieu de l'Europe avec titre d'empire. Plus de trois cents souverains forment cette « fédération ». L'Italie est elle aussi divisée en plusieurs États comme la république de Venise, les duchés de Parme, de Milan, de Florence, de Toscane, de Modène...   **6.** La Turquie désigne « un vaste empire, un des plus grands de l'univers, qui s'étend en Europe, en Asie et en Afrique (Tunisie, Algérie, Libye) » (E).   **7.** « Nom ancien des États du tsar, Russie » (E).   **8.** « Grand empire d'Asie borné au nord par la Tartarie à l'Orient par la mer, à l'Ouest par des montagnes et des déserts, au sud par les royaumes du Laos, du Tonkin, de la Cochin-

image des prodigieuses différences que la nature a mises dans tous les êtres[1].

La taille de Son Excellence étant de la hauteur que j'ai dite, tous nos sculpteurs et tous nos peintres conviendront sans peine que sa ceinture peut avoir cinquante mille pieds de roi de tour ; ce qui fait une très jolie proportion[a].

Quant à son esprit, c'est un des plus cultivés que nous ayons ; il sait beaucoup de choses, il en a inventé quelques-unes : il n'avait pas encore deux cent cinquante ans, et il étudiait, selon la coutume, au collège des jésuites de sa planète[b], lorsqu'il devina, par la force de son esprit, plus de cinquante propositions d'Euclide. C'est dix-huit de plus que Blaise Pascal[2], lequel, après en avoir deviné trente-deux en se jouant, à ce que dit sa sœur[c], devint depuis un géomètre assez médiocre et un fort mauvais métaphysicien[3]. Vers les quatre cent cinquante ans, au sortir de l'enfance, il disséqua beaucoup de ces petits insectes qui n'ont pas cent pieds de diamètre, et qui se dérobent aux microscopes ordinaires ; il en composa un livre fort curieux, mais qui lui fit quelques affaires[4]. Le muphti[5] de son

---

chine »[.](E). Il existe un mythe de la perfection politique de l'empire de Chine au XVIIIᵉ siècle.

1. Le XVIIIᵉ siècle découvre en général la différence des mœurs et des habitudes, ce que l'on appelle le relativisme, qui met en question l'européocentrisme, et ouvre scientifiquement la voie à l'ethnologie et philosophiquement à la tolérance. **2.** *Vie de Monsieur Pascal par Madame Périer, sa sœur*, Amsterdam, 1684. **3.** Blaise Pascal (1623-1662), mathématicien, physicien, écrivain rallié au jansénisme, a obsédé Voltaire, car cet homme de science est aussi un esprit religieux qui, dans les *Pensées*, a tenté de démontrer rationnellement l'existence de Dieu. Voltaire s'obstinera à le réfuter (25ᵉ lettre des *Lettres philosophiques* de 1734) et lui enviera un style ironique et mordant qu'il avait mis au service de la cause janséniste dans *Les Provinciales*. **4.** Tout ici relève d'un comique fondé sur le changement d'échelle. **5.** Muphti ou mufti, chef de la religion mahométane (F et A). Ici le terme de muphti, comme souvent chez Voltaire, sert à désigner un chef religieux sans référence à une religion précise. Le mot avait été mis à la mode

pays, grand vétillard [1] et fort ignorant, trouva dans son livre des propositions suspectes, malsonnantes, téméraires, hérétiques, sentant [a] l'hérésie [2], et le poursuivit vivement : il s'agissait de savoir si la forme substantielle [3] des puces de Sirius était de même nature que celle des colimaçons. Micromégas se défendit avec esprit ; il mit les femmes de son côté ; le procès [b] dura deux cent vingt ans [4]. Enfin le muphti fit condamner le livre par des jurisconsultes qui ne l'avaient pas lu, et l'auteur eut ordre de ne paraître à la cour de huit cents années [5].

Il ne fut que médiocrement affligé d'être banni d'une cour qui n'était remplie que de tracasseries et de petitesses. Il fit une chanson fort plaisante contre le muphti, dont celui-ci ne s'embarrassa guère ; et il se mit à voyager de planète en planète, pour achever de se former *l'esprit et le cœur*, comme l'on dit [6]. Ceux qui ne voyagent qu'en chaise de poste ou en berline [7] seront sans doute étonnés des équipages de là-haut : car nous

---

par Montesquieu dans les *Lettres persanes* (1721) et avant lui par Jean-Paul Marana (1642-1693) dans *L'Espion turc dans les cours des princes chrétiens* (1684). **1.** Qui s'amuse à des vétilles (choses de rien) (A). (Fé) signale que « vétilleur » est préférable à « vétillard ». **2.** Adjectifs par lesquels étaient condamnés les livres jugés hérétiques. **3.** Selon la philosophie médiévale, les formes substantielles désignent une substance qui détermine la matière à être une certaine chose (A). **4.** Ce thème des femmes prenant parti pour le plus beau des théologiens est souvent présent chez Voltaire (dans *L'Ingénu* par exemple) ; sur un mode plus grivois on le trouve dans *Les Bijoux indiscrets* de Diderot ou *Le Sopha* de Crébillon fils. **5.** Certains commentateurs de Voltaire ont vu là une allusion aux poursuites que Voltaire eut à subir de la part de Boyer pour avoir avancé dans les *Lettres philosophiques* que notre âme se développe en même temps que nos organes. **6.** Voltaire s'est moqué de cette expression à la mode. Voir *Zadig*, chapitre des « yeux bleus ». **7.** La berline est une sorte de carrosse suspendu entre deux brancards (Fé).

autres, sur notre petit tas de boue[1], nous ne concevons rien au-delà de nos usages. Notre voyageur connaissait merveilleusement les lois de la gravitation[2], et toutes les forces attractives et répulsives[3]. Il s'en servait si à propos que, tantôt à l'aide d'un rayon du soleil, tantôt par la commodité d'une comète, il allait de globe en globe, lui et les siens, comme un oiseau voltige[a] de branche en branche. Il parcourut la voie lactée[b] en peu de temps ; et je suis obligé d'avouer qu'il ne vit jamais, à travers les étoiles[c] dont elle est semée[d], ce beau ciel empyrée que l'illustre vicaire Derham[e] se vante[4] d'avoir vu au bout de sa lunette[f]. Ce n'est pas que je prétende que M. Derham[5] ait mal vu, à Dieu ne plaise ! mais Micromégas était sur les lieux, c'est un bon observateur, et je ne veux contredire personne. Micromégas, après avoir bien tourné, arriva dans le globe de Saturne. Quelque accoutumé qu'il fût à voir des choses nouvelles, il ne put d'abord, en voyant la petitesse du globe et de ses habitants, se défendre de ce sourire de supériorité qui échappe quelquefois aux plus sages. Car enfin[g] Saturne n'est guère[6] que neuf cents fois plus gros que la terre, et les citoyens de ce pays-là sont des

---

1. L'expression « atome de boue » est souvent employée par Voltaire, dans *Zadig*, chapitre IX, et au début du *Traité de métaphysique*, on lit : « Descendu sur ce petit amas de boue... ». On peut penser que l'idée vient aussi de Pascal qui rabaisse l'homme pour démontrer la nécessité de Dieu. 2. Le mot n'apparaît pas dans les dictionnaires usuels. On y emploie « gravité ». L'*Encyclopédie* possède un article « gravitation ». Elle y est définie comme « l'effet de la gravité ou la tendance d'un corps vers un autre par la force de sa gravité ». 3. Forces qui attirent ou qui repoussent. 4. Derham se vanta d'avoir aperçu avec sa lunette le ciel au sens religieux du terme, c'est-à-dire le Ciel empyrée, partie la plus haute du ciel où siègent les bienheureux. Il le raconta dans *Astrotheologie, or a demonstration of the being and attributes of God from survey of the heavens*, Londres, 1715. 5. Guillaume Derham (1657-1735), ecclésiastique et philosophe anglais. 6. On remarquera l'emploi humoristique de l'adverbe « guère ».

nains qui n'ont que mille toises [1] de haut ou environ. Il
s'en moqua [a] un peu d'abord avec ses gens [2], à peu près
comme un musicien italien se met à rire de la musique
de Lulli [3], quand il vient en France. Mais, comme le
Sirien avait un bon esprit [b], il comprit bien vite qu'un être
pensant peut fort bien n'être pas ridicule pour n'avoir
que six mille pieds de haut. Il se familiarisa avec les
Saturniens, après les avoir étonnés. Il lia une étroite ami-
tié avec le secrétaire de l'Académie de Saturne [4], homme
de beaucoup d'esprit, qui n'avait à la vérité rien inventé [c], mais qui rendait un fort bon compte des inventions
des autres, et qui faisait passablement de petits vers [5] et
de grands calculs. Je rapporterai ici, pour la satisfaction
des lecteurs, une conversation singulière que Micromégas eut un jour avec monsieur le secrétaire.

CHAPITRE II

CONVERSATION DE L'HABITANT DE SIRIUS AVEC CELUI DE SATURNE [d]

Après que Son Excellence se fut couchée, et que le
secrétaire se fut approché de son visage : « Il faut

---

1. La toise est une mesure de longueur de six pieds.   2. Au sens ici
de domestiques.   3. Lulli (1632-1687), musicien né en Italie, fit carrière à la cour de Louis XIV et composa la musique des ballets des comé-
dies de Molière *(Le Bourgeois gentilhomme)*, des opéras sur les livrets de
Quinault (1635-1688). Voltaire lui a rendu hommage dans *Le Siècle de
Louis XIV*.   4. Il s'agit de Bernard Le Bovier de Fontenelle (1657-
1757), écrivain, élu à l'Académie française en 1691, à l'Académie des
sciences en 1697, dont il devint le secrétaire en 1699. Il composa une
Histoire de l'Académie royale des sciences et travailla à vulgariser les
sciences pour un public mondain. Il appartient au mouvement cartésien,
partisan des tourbillons en physique.   5. Le mot « vers » est omis
dans certaines éditions.

avouer, dit Micromégas, que la nature est bien variée.
— Oui, dit le Saturnien, la nature est comme un parterre dont les fleurs... — Ah ! dit l'autre, laissez là
votre parterre. — Elle est, reprit le secrétaire, comme
une assemblée de blondes et de brunes dont les
parures... — Et qu'ai-je affaire de vos brunes ? dit
l'autre. — Elle est donc comme[a] une galerie de pein-
tures dont les traits...[1] — Eh non ! dit le voyageur,
encore une fois la nature est comme la nature. Pourquoi lui chercher des comparaisons ? — Pour vous
plaire, répondit le secrétaire. — Je ne veux point
qu'on[b] me plaise, répondit le voyageur[c], je veux qu'on
m'instruise[d] ; commencez d'abord par me dire
combien les hommes de votre globe ont de sens[2].
— Nous en avons soixante et douze[3], dit l'académi-
cien ; et nous nous plaignons tous les jours du peu.
Notre imagination va au-delà de nos besoins ; nous
trouvons qu'avec nos soixante et douze sens, notre
anneau[4], nos cinq lunes[5], nous sommes trop bornés[6] ;
et, malgré toute notre[e] curiosité[7] et le nombre assez
grand de passions qui résultent de nos soixante et
douze sens, nous avons tout le temps de nous ennuyer.
— Je le crois bien, dit Micromégas ; car dans notre

---

1. Ces comparaisons sont des moqueries adressées à Fontenelle et à
son *Entretien sur la pluralité des mondes* de 1686. 2. Nous sommes
en pleine philosophie sensualiste. Cette philosophie de John Locke,
Essai sur l'entendement humain (1690), que Voltaire a lu (cf. *Lettres
philosophiques*, lettre 13), développe une théorie selon laquelle toutes
nos idées viennent de nos sens. Elle sera reprise par Condillac (*Traité
des sensations*, 1754). Le sensualisme s'oppose à la théorie cartésienne
des idées innées. 3. Le mécanisme de l'exagération est pleinement
à l'œuvre ici. 4. Voir note 2, p. 29. 5. Les lunes qui font partie
du système de Saturne. 6. Le mot « bornés » est ici à prendre au
sens de limités. 7. La curiosité apparaît au XVIIIᵉ siècle comme une
qualité qui pousse à observer. On appelle les collections de raretés
ethnologiques, biologiques, minérales, des cabinets de curiosités. Voltaire, article « Curiosité » dans les *Questions sur l'Encyclopédie*,
montre qu'il peut y avoir un usage malsain de la curiosité.

globe nous avons près de mille sens, et il nous reste encore je ne sais quel désir vague, je ne sais quelle inquiétude[1], qui nous avertit sans cesse que nous sommes peu de chose, et qu'il y a des êtres beaucoup plus parfaits[2]. J'ai un peu voyagé ; j'ai vu des mortels fort au-dessous de nous ; j'en ai vu de fort supérieurs ; mais je n'en ai vu aucuns[3] qui n'aient plus de désirs que de vrais besoins, et plus de besoins que de satisfaction[a]. J'arriverai peut-être un jour au pays où il ne manque rien ; mais jusqu'à présent personne ne m'a donné des nouvelles[b] positives[4] de ce pays-là[5] » Le Saturnien et le Sirien s'épuisèrent alors en conjectures[6] mais, après[c] beaucoup de raisonnements, fort ingénieux et fort incertains, il en fallut revenir aux faits[d]. « Combien de temps vivez-vous ? dit le Sirien. — Ah ! bien peu, répliqua le petit homme de Saturne. — C'est tout comme chez nous, dit le Sirien : nous nous plaignons toujours du peu. Il faut que ce soit une loi universelle de la nature. — Hélas ! nous ne vivons, dit le Saturnien, que cinq cents grandes révolutions[7] du soleil. (Cela revient à quinze milles ans ou environ[e], à compter à notre manière.) Vous voyez bien que c'est mourir presque au moment que l'on est né[f] ; notre existence est un point, notre durée un instant, notre globe un atome. À peine a-t-on commencé à s'instruire un peu que la mort arrive avant qu'on ait de l'expé-

---

1. L'inquiétude est une agitation d'esprit, une impatience causée par quelque passion (F). **2.** Encore une fois, il y a ici une affirmation du relativisme et une attaque contre l'homocentrisme. **3.** « Aucun » jusqu'à la fin du XVIIIe siècle s'accorde en genre et en nombre : aucuns, aucunes. **4.** Au sens de certaines. L'adjectif « positif » est très fréquent en théologie, d'où peut-être cet emploi ironique de Voltaire. **5.** On peut avancer qu'il y a ici une critique du paradis chrétien et de la littérature utopique tellement en vogue au XVIIIe siècle, et dont Voltaire se moquera dans les chapitres 17 et 18 de *Candide* consacrés à l'Eldorado. **6.** Jugement probable qui n'est fondé que sur des vraisemblances (A). **7.** « Révolution » est employé dans son sens étymologique qui implique une idée de retour au point de départ.

rience[1][a]. Pour moi, je n'ose faire aucuns projets ; je me trouve comme une goutte d'eau dans un océan immense. Je suis honteux, surtout devant vous, de la figure[2] ridicule que je fais dans ce monde. »

Micromégas lui repartit : « Si vous n'étiez pas philosophe[3], je craindrais de vous affliger en vous apprenant que notre vie est sept cents fois plus longue que la vôtre ; mais vous savez trop bien que quand il faut rendre son corps aux éléments, et ranimer la nature sous une autre forme, ce qui s'appelle mourir[4] ; quand ce moment de métamorphose est venu, avoir vécu une éternité ou avoir vécu un jour, c'est précisément la même chose. J'ai été dans des pays où l'on vit mille fois plus longtemps que chez moi, et j'ai trouvé qu'on y murmurait[5] encore. Mais il y a partout des gens de bon sens qui savent prendre leur parti et remercier l'auteur de la nature. Il a répandu sur cet univers une profusion de variétés, avec une espèce d'uniformité admirable. Par exemple, tous les êtres pensants sont différents, et tous se ressemblent au fond par le don de la pensée et des désirs[b]. La matière est partout étendue ; mais elle a dans chaque globe des propriétés diverses. Combien comptez-vous de ces propriétés diverses dans votre matière ? — Si vous parlez de ces propriétés, dit le Saturnien, sans lesquelles nous

---

1. Il y a là le thème très classique de la brièveté de la vie qui vient de Sénèque. Une traduction de Sénèque paraît en 1777-1778, avec un volume d'introduction par Diderot, *Essai sur la vie et les écrits de Sénèque et les règnes de Claude et de Néron*. Dans sa bibliothèque, Voltaire possède le *De brevitate vitae* de Sénèque. Dans une perspective chrétienne, Bossuet a rédigé un *Sermon sur la mort et la brièveté de la vie*. 2. Bon ou mauvais état d'une personne, relative aux affaires ou au crédit. Faire une bonne ou une méchante figure dans le monde. 3. Au sens commun, celui qui possède la sagesse. 4. On a là une proposition matérialiste qui illustre l'axiome de Lavoisier : « Rien ne se crée, rien ne se perd, tout se transforme. » La même affirmation se retrouve chez Diderot dans l'*Entretien entre d'Alembert et Diderot*. 5. Au sens de protester.

croyons que ce globe ne pourrait subsister[a] tel qu'il est, nous en comptons trois cents, comme l'étendue, l'impénétrabilité, la mobilité, la gravitation, la divisibilité, et le reste. — Apparemment, répliqua le voyageur, que ce petit nombre suffit aux vues que le Créateur avait sur votre petite habitation[1]. J'admire en tout sa sagesse ; je vois partout des différences, mais aussi partout des proportions. Votre globe est petit, vos habitants le sont aussi ; vous avez peu de sensations ; votre matière a peu de propriétés : tout cela est l'ouvrage de la Providence. De quelle couleur est votre soleil, bien examiné ? — D'un blanc fort jaunâtre, dit le Saturnien ; et quand nous divisons un de ses rayons, nous trouvons qu'il contient sept couleurs[2]. — Notre soleil tire sur le rouge, dit le Sirien, et nous avons trente-neuf couleurs primitives. Il n'y a pas un soleil, parmi tous ceux dont j'ai approché, qui se ressemble, comme chez vous il n'y a pas un visage qui ne soit différent de tous les autres. »

Après plusieurs questions de cette nature, il s'informa combien de substances essentiellement différentes on comptait dans Saturne. Il apprit qu'on n'en comptait qu'une trentaine, comme Dieu, l'espace, la matière, les êtres étendus qui sentent, les êtres étendus qui sentent et qui pensent, les êtres pensants qui n'ont point d'étendue[b], ceux qui se pénètrent, ceux qui ne se pénètrent pas, et le reste[3]. Le Sirien, chez qui on en comptait trois cents, et qui en avait découvert trois mille autres dans ses voyages, étonna prodigieusement le philosophe de Saturne. Enfin, après s'être communiqué l'un à l'autre un peu de ce qu'ils savaient et

---

1. Jolie dénomination de la Terre ou d'une planète qui fait penser au *Petit Prince* d'Antoine de Saint-Exupéry. **2.** Allusion à la décomposition de la lumière par le prisme en spectre coloré. **3.** Toutes ces catégories renvoient à la façon dont, à la suite de Descartes, on pense les hommes, la pensée et la matière.

beaucoup de ce qu'ils ne savaient pas[1], après avoir raisonné pendant une révolution du soleil, ils résolurent de faire ensemble un petit voyage philosophique[2].

CHAPITRE III

VOYAGE DE DEUX HABITANTS DE SIRIUS
ET DE SATURNE[a]

Nos deux philosophes étaient prêts à s'embarquer dans l'atmosphère[b] de Saturne, avec une fort jolie provision d'instruments mathématiques[3], lorsque la maîtresse du Saturnien, qui en eut des nouvelles, vint en larmes faire ses remontrances. C'était une jolie[c] petite brune qui n'avait que six cent soixante toises, mais qui réparait par bien des agréments la petitesse de sa taille. « Ah, cruel[4] ! s'écria-t-elle, après t'avoir résisté quinze cents ans, lorsque enfin je commençais à me rendre[5], quand j'ai à peine passé deux cents ans[d] entre tes bras, tu me quittes pour aller voyager avec un géant d'un autre monde ; va, tu n'es qu'un curieux[6], tu n'as jamais eu d'amour ; si tu étais un vrai Saturnien, tu serais

---

1. Il existe de ce passage de très nombreuses variantes, on en verra le détail dans la note b, page 24, page 711 (PL). 2. Le voyage philosophique s'oppose au voyage d'agrément. On cherche à apprendre en questionnant, en comparant, en observant. 3. La Géométrie, l'Astronomie sont des parties des Mathématiques (F). On parle donc tout naturellement des instruments d'astronomie comme d'instruments mathématiques. 4. Parodie dans tout ce passage des lamentations et des reproches des romans d'amour. 5. Céder aux avances de son amant. 6. « Qui a beaucoup d'envie et de soin d'apprendre, de voir, de posséder des choses nouvelles, rares, excellentes. Il se prend quelquefois en mauvaise part, et se dit d'un homme qui veut pénétrer indiscrètement les secrets d'autrui » (Fé).

fidèle. Où vas-tu courir ? Que veux-tu ? Nos cinq lunes sont moins errantes[1] que toi, notre anneau est moins changeant. Voilà qui est fait, je n'aimerai jamais plus personne. » Le philosophe l'embrassa, pleura avec elle, tout philosophe qu'il était, et la dame, après s'être pâmée, alla se consoler avec un petit-maître[2] du pays.

Cependant nos deux curieux partirent ; ils sautèrent d'abord sur l'anneau, qu'ils trouvèrent assez plat, comme l'a fort bien deviné un illustre habitant de notre petit globe[3] ; de là ils allèrent aisément de lune[a] en lune. Une comète passait tout auprès de la dernière ; ils s'élancèrent sur elle avec leurs domestiques[b] et leurs instruments. Quand ils eurent fait environ cent cinquante millions de lieues, ils rencontrèrent les satellites de Jupiter. Ils passèrent dans Jupiter même, et y restèrent une année, pendant laquelle ils apprirent de fort beaux secrets, qui seraient actuellement sous presse sans messieurs les inquisiteurs[4], qui ont trouvé quelques propositions un peu dures. Mais j'en ai lu le manuscrit dans la bibliothèque de l'illustre archevêque de...[c], qui m'a laissé voir[d] ses livres avec cette générosité et cette bonté qu'on ne saurait assez louer[e].

Mais revenons à nos voyageurs. En sortant de Jupiter, ils traversèrent un espace d'environ cent millions de lieues, et ils côtoyèrent la planète de Mars, qui, comme on sait, est cinq fois[f] plus petite que notre petit globe ;

---

1. Vagabondes. **2.** « Le petit maître est un jeune homme, qui se distingue par un air avantageux, par des manières libres et étourdies. Un petit maître, avec ses grimaces, est aussi loin du caractère d'un galant homme, qu'un faux dévot, avec son air sanctifié, est éloigné du caractère d'un homme véritablement religieux » (Fé). **3.** C'est Huyghens qui a démontré la forme de l'anneau de Saturne. Voltaire lui a rendu hommage dans *Le Siècle de Louis XIV.* **4.** L'Inquisition est un tribunal établi dans certains pays pour rechercher et punir ceux qui ont des sentiments contraires à la foi (A). L'inquisiteur est un juge de ce tribunal.

ils virent deux lunes qui servent à cette planète, et qui[a] ont échappé aux regards de nos astronomes. Je sais bien que le père Castel[1] écrira, et même[b] assez plaisamment, contre l'existence de ces deux lunes ; mais je m'en rapporte à ceux qui raisonnent par analogie[2]. Ces bons philosophes-là savent combien il serait difficile que Mars, qui est si loin du soleil, se passât à moins[3] de deux lunes. Quoi qu'il en soit, nos gens trouvèrent cela si petit qu'ils craignirent de n'y pas trouver de quoi coucher, et ils[c] passèrent leur chemin, comme deux voyageurs qui dédaignent un mauvais cabaret[4] de village et poussent jusqu'à la ville voisine. Mais le Sirien et son compagnon se repentirent[d] bientôt. Ils allèrent longtemps, et ne trouvèrent rien. Enfin ils aperçurent une petite lueur ; c'était la terre : cela fit pitié à des gens qui venaient de Jupiter. Cependant, de peur de se repentir[e] une seconde fois, ils résolurent de débarquer. Ils passèrent sur la queue de la comète, et, trouvant une aurore boréale[5][f] toute prête, ils se mirent dedans, et arrivèrent à terre sur le bord septentrional[6] de la mer Baltique, le cinq juillet mil sept cent trente-sept, nouveau style[7].

---

1. Castel, savant jésuite (1688-1757), qui inventa le célèbre « clavecin oculaire ». Cartésien, il s'opposa à Newton. Il se rendit célèbre par son *Optique des couleurs* (1740) et attaqua les *Éléments de Newton* de Voltaire.   2. Les physiciens confondent analogie et similitude. 3. Selon la grammaire de l'époque, « à moins » régit le génitif, c'est-à-dire qu'on doit écrire « à moins de » + substantif. Autrefois on disait « à moins que » devant les noms comme devant les verbes et on écrivait « à moins que de » + substantif ; par exemple : « à moins que d'un miracle ».   4. Le cabaret est « une maison où l'on donne à boire et à manger à toutes sortes de personnes pour de l'argent ». « Mauvais » est à prendre au sens de médiocre.   5. Qui provient de la moitié nord du globe terrestre, de la sphère céleste ou d'un astre (A).   6. Du nord.   7. Allusion à la réforme du calendrier du pape Grégoire XIII, qui fait qu'il y a un calendrier ancien style et nouveau style ou grégorien.

CHAPITRE IV

CE QUI LEUR ARRIVE
SUR LE GLOBE DE LA TERRE

Après s'être reposés quelque temps, ils mangèrent à leur déjeuner deux montagnes que leurs gens leur apprêtèrent assez proprement[1]. Ensuite ils voulurent[a] reconnaître le petit pays où ils étaient. Ils allèrent d'abord du nord au sud. Les pas ordinaires du Sirien et de ses gens étaient d'environ trente mille pieds de roi ; le nain de Saturne suivait[b] de loin en haletant ; or il fallait qu'il fît environ douze pas quand l'autre faisait une enjambée[c] : figurez-vous (s'il est permis de faire de telles[d] comparaisons) un très petit chien de manchon[2] qui suivrait un capitaine des gardes[e] du roi de Prusse[3].

Comme ces étrangers-là vont assez vite, ils eurent fait le tour du globe en trente-six heures ; le soleil, à la vérité, ou plutôt la terre, fait un pareil voyage en une journée ; mais il faut songer qu'on va bien plus à son aise quand on tourne sur son axe que quand on marche sur ses pieds. Les voilà donc revenus d'où ils étaient partis, après avoir vu cette mare, presque imperceptible pour eux, qu'on nomme[f] *la Méditerranée*, et cet autre petit étang, qui, sous le nom du *grand Océan*, entoure la taupinière. Le nain n'en avait eu jamais qu'à mi-jambe[g], et à peine l'autre avait-il mouillé son talon. Ils firent tout ce qu'ils purent en allant et en revenant dessus[h] et dessous pour tâcher d'apercevoir si ce globe était habité ou non. Ils se baissèrent, ils se couchèrent, ils tâtèrent partout ; mais leurs yeux et leurs mains

---

1. Avec adresse et d'une manière agréable (A).   2. Chien si petit qu'il peut tenir dans le manchon de fourrure d'une dame (F).
3. Les gardes du roi de Prusse étaient choisis pour leur très haute taille.

n'étant point proportionnés[a] aux petits êtres qui rampent ici, ils ne reçurent pas la moindre sensation qui pût leur faire soupçonner que nous et nos confrères les autres habitants de ce globe avons l'honneur d'exister.

Le nain, qui jugeait quelquefois un peu trop vite, décida d'abord qu'il n'y avait personne sur la terre. Sa première raison était qu'il n'avait vu personne[1]. Micromégas lui fit sentir poliment que c'était raisonner assez mal : « Car, disait-il, vous ne voyez pas avec vos petits yeux certaines étoiles de la cinquantième grandeur que j'aperçois très distinctement ; concluez-vous de là que ces étoiles n'existent pas ? — Mais, dit le nain, j'ai bien tâté[2]. — Mais, répondit l'autre, vous avez mal senti. — Mais, dit le nain, ce globe-ci est si mal construit, cela est si irrégulier et d'une forme qui me paraît si ridicule ! tout semble être ici dans le chaos : voyez-vous ces petits ruisseaux dont aucun ne va de droit fil, ces étangs qui ne sont ni ronds, ni carrés, ni ovales, ni sous aucune forme régulière ; tous ces petits grains pointus[3] dont ce globe est hérissé, et qui m'ont écorché les pieds ? (Il voulait parler des montagnes.) Remarquez-vous encore la forme de tout le globe, comme il est plat aux pôles, comme il tourne autour du soleil d'une manière gauche, de façon que les climats des pôles sont nécessairement incultes[4] ? En

---

1. Critique du témoignage des sens, de l'expérience immédiate qui ne peuvent fonder la vérité. Cette critique ancienne avait pris une actualité nouvelle avec la querelle autour de la baguette divinatoire. La querelle dura jusqu'en 1732 où se publie le dernier tome de l'*Histoire critique des pratiques superstitieuses* du père Lebrun.   2. « Tâter » au sens figuré selon les dictionnaires signifie « essayer, chercher à connaître ».   3. Comme le prouve le commentaire de Voltaire, il s'agit des montagnes. En les désignant comme des grains de sable, Voltaire cherche non seulement un effet comique, mais insiste aussi sur la relativité des choses.   4. L'époque procède à des expéditions pour mesurer la circonférence du globe. Les plus célèbres sont celles de La Condamine (1701-1774) au Pérou et de Maupertuis (1698-1759) en Laponie (voir préface et note 4, p. 45).

vérité, ce qui fait que je pense qu'il n'y a ici personne, c'est qu'il me paraît que des gens de bon sens ne voudraient pas y demeurer[a]. — Eh bien ! dit Micromégas, ce ne sont peut-être pas non plus des gens de bon sens qui l'habitent. Mais enfin il y a quelque apparence que ceci n'est pas fait pour rien. Tout vous paraît irrégulier ici, dites-vous, parce que tout est tiré au cordeau dans Saturne et dans Jupiter. Eh ! c'est peut-être par cette raison-là[b] même qu'il y a ici un peu de confusion. Ne vous ai-je pas dit que dans mes voyages j'avais toujours remarqué de la variété ? » Le Saturnien répliqua à toutes ces raisons. La dispute n'eût jamais fini, si par bonheur Micromégas, en s'échauffant à parler, n'eût cassé le fil de son collier de diamants. Les diamants[c] tombèrent : c'étaient de jolis petits carats[1] assez inégaux, dont les plus gros pesaient quatre cents livres, et les plus petits cinquante. Le nain en ramassa quelques-uns ; il s'aperçut, en les approchant de ses yeux, que ces diamants, de la façon dont ils étaient taillés[d], étaient d'excellents microscopes[2]. Il prit donc un petit microscope de cent soixante pieds de diamètre, qu'il appliqua à sa prunelle ; et Micromégas en choisit un de deux mille cinq cents pieds. Ils étaient excellents ; mais d'abord on ne vit rien par leur secours : il fallait s'ajuster[3]. Enfin l'habitant de Saturne vit quelque chose d'imperceptible qui remuait entre deux eaux dans la mer Baltique : c'était une baleine. Il la prit avec le petit doigt fort adroitement, et, la mettant sur l'ongle

---

1. En parlant des diamants et des perles, poids de 4 grains (Fé). Aujourd'hui un carat représente un poids de 2 décigrammes ; Voltaire utilise le diamant pour symboliser la richesse. C'est un des éléments fondamentaux de l'épisode de l'Eldorado et de ses suites les plus immédiates (*Candide* chap. 17, 18 et suivants).   **2.** On sait qu'à l'origine de la loupe et des verres grossissants il y eut chez les Romains le diamant taillé.   **3.** Au sens de mettre au point : soit en s'éloignant ou en se rapprochant, soit en déplaçant le diamant par rapport à l'objet et à l'œil.

de son pouce, il la fit voir au Sirien, qui se mit à rire pour la seconde fois de l'excès[a] de petitesse dont étaient les habitants de notre globe. Le Saturnien, convaincu que notre monde est habité[b], s'imagina bien vite qu'il ne l'était que par des baleines ; et, comme il était grand raisonneur, il voulut deviner d'où un si petit atome tirait son mouvement[c], s'il avait des idées, une volonté, une liberté[1]. Micromégas y fut fort embarrassé : il examina l'animal fort patiemment[2], et le résultat de l'examen fut qu'il n'y avait pas moyen de croire qu'une âme fût logée là[3]. Les deux voyageurs inclinaient donc à penser qu'il n'y a point d'esprit[d] dans notre habitation, lorsqu'à l'aide du microscope ils aperçurent quelque chose de plus gros[e] qu'une baleine qui flottait sur la mer Baltique. On sait que dans ce temps-là même une volée[f] de philosophes revenait du cercle polaire, sous lequel ils avaient été faire des observations dont personne ne s'était avisé jusqu'alors[4]. Les gazettes dirent que leur vaisseau échoua aux côtes de Botnie[5], et qu'ils eurent bien de la peine à se sauver ; mais on ne sait jamais dans ce monde[g] le dessous des cartes. Je vais raconter ingénument comme la chose se passa, sans y rien mettre du mien, ce qui n'est pas un petit effort pour un historien[6].

---

1. Autant de traits qui à cette époque définissent l'être humain. **2.** « Avec douceur et sans emportement » (F). **3.** La localisation physiologique de l'âme est un débat aux XVIe et XVIIe siècles. Descartes lui-même la plaçait dans une glande. Voltaire, dès les *Lettres philosophiques*, s'est moqué de ces débats (lettre 13). **4.** Allusion à une expédition que dirigea Maupertuis en 1736-1737. L'expédition était partie de Dunkerque pour aller à Tornea en Laponie. À son retour, le vaisseau essuya une forte tempête ; on annonça que ses passagers avaient péri. Voltaire, qui de Cirey suivait avec Mme du Châtelet l'expédition, en fut très alarmé. **5.** Botnie ou Bothnie, province maritime de Suède. **6.** Voltaire a défini dans l'article « Histoire » de l'*Encyclopédie* le travail de l'historien et il l'a pratiqué avec une rigueur (recherche des sources, critique des documents) qui tranche sur les méthodes de ses contemporains.

CHAPITRE V

EXPÉRIENCES ET RAISONNEMENTS
DES DEUX VOYAGEURS[a]

Micromégas étendit la main tout doucement vers l'endroit où l'objet[b] paraissait, et, avançant deux doigts et les retirant par la crainte de se tromper, puis les ouvrant et les serrant, il saisit fort adroitement le vaisseau qui portait ces messieurs, et le mit encore sur son ongle, sans le trop presser de peur de l'écraser[1]. « Voici un animal bien différent du premier », dit le nain de Saturne ; le Sirien mit le prétendu animal dans le creux de sa main. Les passagers et les gens de l'équipage, qui s'étaient crus enlevés par un ouragan, et qui se croyaient sur une espèce de rocher, se mettent tous en mouvement ; les matelots prennent des tonneaux de vin, les jettent sur la main de Micromégas, et se précipitent après. Les géomètres prennent leurs quarts de cercle, leurs secteurs[2] et des filles[c] lapones[3], et descendent sur les doigts du Sirien[d]. Ils en firent tant qu'il sentit enfin remuer quelque chose qui lui chatouillait les doigts : c'était un bâton ferré qu'on lui enfonçait d'un pied dans l'index[e] ; il jugea, par ce picotement, qu'il était sorti quelque chose du petit animal qu'il tenait. Mais il n'en soupçonna pas d'abord davantage.

---

1. La scène est inspiré par *Gulliver*, chapitres 1 et 2.   **2.** Selon (Fé), « quart de cercle, appelé secteur astronomique, qui sert à déterminer le lieu d'une planète ou d'une comète ».   **3.** Maupertuis avait ramené deux Lapones qui défrayèrent la chronique. Voir de Voltaire le IVe *Discours en vers sur l'homme* de 1738.

Le microscope, qui faisait à peine discerner une baleine et un vaisseau, n'avait point de prise[a] sur un être aussi imperceptible que des hommes[1]. Je ne prétends choquer[b] ici la vanité de personne, mais je suis obligé de prier les importants de faire ici une petite remarque avec moi : c'est qu'en prenant la taille des hommes d'environ cinq pieds, nous ne faisons pas sur la terre une plus grande figure qu'en ferait, sur une boule de dix pieds de tour, un animal qui aurait à peu près la six cent millième partie d'un pouce en hauteur[c]. Figurez-vous une substance qui pourrait tenir la terre dans sa main, et qui aurait des organes en proportion des nôtres ; et il se peut très bien faire qu'il y ait un grand nombre de ces substances[2] : or concevez, je vous prie, ce qu'elles penseraient de ces batailles, qui nous ont valu deux villages[3] qu'il a fallu rendre[d].

Je ne doute pas que si quelque capitaine des grands[e] grenadiers lit jamais cet ouvrage, il ne hausse de deux grands pieds au moins les bonnets de sa troupe[4] ; mais je l'avertis qu'il aura beau faire, et que[f] lui et les siens ne seront jamais que[g] des infiniment petits.

Quelle adresse merveilleuse ne fallut-il donc pas à notre philosophe de Sirius pour[h] apercevoir les atomes[5] dont je viens de parler ! Quand Leuwenhoek[i] et

---

1. L'expression signifie ici que le microscope ne permettait pas de voir des êtres aussi petits.   2. Ce relativisme conduit à la conclusion qu'il peut exister des mondes dont l'homme ne serait pas la seule mesure. Il y a là une utilisation détournée des deux infinis de Pascal. 3. On peut se demander si la correction de Voltaire « deux villages » ne renvoie pas à des faits contemporains. Voir la dénonciation de la guerre dans *Candide* (chapitre 3) et dans l'article « Guerre » du *Dictionnaire philosophique*.   4. Faut-il voir ici une allusion à Frédéric II qui choisissait pour sa garde des hommes d'une grande taille qui portaient un bonnet à poil ?   5. Corps qu'on considère comme indivisible à cause de sa petitesse (A).

Hartsoeker[1] virent les premiers, ou crurent voir, la graine[a] dont nous sommes formés[2], ils ne firent pas à beaucoup près une si étonnante découverte. Quel plaisir sentit Micromégas en voyant remuer ces petites machines[3], en examinant tous leurs tours, en les suivant dans toutes leurs opérations ! comme il s'écria ! comme il mit avec joie un de ses microscopes dans les mains de son compagnon de voyage ! « Je les vois, disaient-ils tous deux[b] à la fois ; ne les voyez-vous pas qui portent des fardeaux, qui se baissent, qui se relèvent ? » En parlant ainsi, les mains leur tremblaient, par le plaisir de voir des objets si nouveaux et par la crainte de les perdre. Le Saturnien, passant d'un excès de défiance à un excès de crédulité, crut apercevoir qu'ils travaillaient à la propagation[4]. *Ah ! disait-il, j'ai pris la nature sur le fait*[5]. Mais il se trompait sur les apparences, ce qui n'arrive que trop, soit qu'on se serve ou non de microscopes[c].

---

1. Leuwenhoeck (1632-1723), naturaliste hollandais qui se spécialisa dans l'infiniment petit : globules du sang, spermatozoïdes. Hartsoeker (1656-1725) fut physicien et naturaliste. Voltaire les cite dans les *Lettres philosophiques* (17e lettre, sur la chronologie).   2. Il y eut tout un débat sur le spermatozoïde, que certains observateurs analysaient comme un homoncule sexué, ce qui permettait de fonder les théories préformistes sur la génération.   3. Le terme « machine » renvoie aux théories matérialistes. Ainsi le titre de l'ouvrage de La Mettrie (1709-1751) *L'Homme machine* (1747).   4. Il faut entendre « à la propagation de l'espèce », façon amusante de dire qu'ils faisaient l'amour.   5. Voltaire ici rapporterait un mot prononcé en apprenant que Fontenelle avait été surpris en compagnie de Mme de Tencin dans une situation compromettante (Wade) ou plus simplement une expression de Fontenelle sur les travaux du naturaliste Tournefort (PL).

CHAPITRE VI

CE QUI LEUR ARRIVE AVEC DES[a] HOMMES

Micromégas, bien meilleur observateur que son nain, vit clairement que les atomes se parlaient[1] ; et il le fit[2] remarquer à son compagnon, qui, honteux de s'être mépris sur l'article de la génération, ne voulut point croire[b] que de pareilles espèces pussent se communiquer des idées[3]. Il avait le don des langues, aussi bien que le Sirien il n'entendait point parler[c] nos atomes, et il supposait qu'ils ne parlaient pas. D'ailleurs, comment ces êtres[d] imperceptibles auraient-ils les organes de la voix[4], et qu'auraient-ils à dire ? Pour parler, il faut penser, ou à peu près ; mais, s'ils pensaient, ils auraient donc l'équivalent d'une âme. Or, attribuer l'équivalent d'une âme à cette espèce[e], cela lui paraissait absurde. « Mais, dit le Sirien, vous avez cru tout à l'heure qu'ils faisaient l'amour. Est-ce que vous croyez qu'on puisse faire l'amour sans penser et sans proférer quelque parole, ou du moins sans se faire entendre[5] ? Supposez-vous d'ailleurs qu'il soit plus difficile de produire un argument qu'un enfant ? Pour moi, l'un et l'autre me paraissent de grands mystères.

---

1. Le Sirien et le nain, selon la logique du récit, voient que les hommes se parlent. Ils ne les entendent point. **2.** Il y aurait selon (PL) une édition qui donnerait « et il se fit... », ce qui n'est guère compréhensible. **3.** Il existe au XVIIIe siècle de nombreux débats sur la langue. Y ont participé Condillac, Maupertuis, Jean-Jacques Rousseau... Une idée domine : sans le langage, pas de progrès car pas de découverte qui puisse être partagée. **4.** Pour les organes de la voix, voir l'article « Voix » de l'*Encyclopédie* et surtout, par Guéraud de Cordemoy, *Discours physique de la parole* (1668). **5.** Dans l'article « Jouissance » de l'*Encyclopédie*, Diderot unit plaisir physique et sentiment. Jean-Jacques Rousseau dans *le Discours sur l'inégalité* montre que l'homme primitif a des rapports sexuels liés au seul instinct ; il n'y a pas amour mais accouplement.

— Je n'ose plus ni croire ni nier, dit le nain ; je n'ai plus d'opinion. Il faut tâcher d'examiner ces insectes, nous raisonnerons après[1]. — C'est fort bien dit », reprit Micromégas ; et aussitôt il tira une paire de ciseaux dont il se coupa les ongles, et d'une rognure de l'ongle de son pouce il fit sur-le-champ une espèce de grande trompette parlante comme un vaste entonnoir, dont il mit le tuyau dans son oreille. La circonférence de l'entonnoir enveloppait le vaisseau et tout l'équipage. La voix la plus faible[a] entrait dans les fibres circulaires de l'ongle ; de sorte que grâce à son industrie[2] le philosophe de là-haut entendit parfaitement le bourdonnement de nos insectes de là-bas. En peu d'heures il parvint à distinguer les paroles, et enfin à entendre le français. Le nain en fit autant, quoique avec plus de difficulté[3]. L'étonnement des voyageurs redoublait à chaque instant. Ils entendaient des mites parler d'assez bon sens[b] : ce jeu de la nature leur paraissait inexplicable[4]. Vous croyez bien que le Sirien et son nain brûlaient d'impatience de lier conversation avec les atomes : il craignait[5] que sa voix de tonnerre, et surtout celle de Micromégas, n'assourdît les mites sans en être entendue. Il fallait en diminuer la force. Ils se mirent dans la bouche des espèces de petits curedents, dont le bout fort effilé venait donner[6] auprès du vaisseau. Le Sirien tenait le nain sur ses genoux, et le vaisseau avec l'équipage sur un ongle[c]. Il baissait la tête et parlait bas. Enfin, moyennant toutes ces précau-

---

1. Il faut observer et ensuite raisonner. Pas de raisonnement sans expérimentation.　　**2.** Au sens d'adresse (A).　　**3.** (PL) note que la prise de contact avec les habitants d'un autre monde est un poncif du récit de voyage. Voltaire le traiterait avec irrévérence.　　**4.** Préjugé du nain qui ne peut croire que l'infiniment petit ait une intelligence. **5.** Étrange formulation qui met le verbe au singulier, alors qu'on attendrait un pluriel qui serait, au demeurant, malvenu avec la suite de la phrase.　　**6.** Au sens d'aboutir.

tions et bien d'autres encore, il commença ainsi son discours :

« Insectes invisibles, que la main du Créateur[1] s'est plu à faire naître dans l'abîme de l'infiniment petit, je le remercie de ce qu'il a daigné me découvrir des secrets qui semblaient impénétrables[a]. Peut-être ne daignerait-on pas vous regarder à ma cour[2] ; mais je ne méprise personne, et je vous offre ma protection. »

Si jamais il y a eu quelqu'un[b], d'étonné, ce furent les gens qui entendirent ces paroles. Ils ne pouvaient deviner d'où elles partaient. L'aumônier du vaisseau récita les prières des exorcismes[3], les matelots jurèrent et les philosophes du vaisseau firent un système[4], mais[c] quelque système qu'ils fissent, ils ne purent jamais deviner qui leur parlait. Le nain de Saturne, qui avait la voix plus douce que Micromégas, leur apprit alors[d] en peu de mots à quelles espèces[5] ils avaient affaire. Il leur conta le voyage[e] de Saturne, les mit au fait de ce qu'était M. Micromégas, et, après les avoir plaints d'être si petits[6], il leur demanda s'ils avaient toujours été dans ce misérable[7] état si voisin de l'anéantissement, ce qu'ils faisaient dans un globe qui paraissait appartenir à des baleines, s'ils étaient heureux, s'ils multipliaient[8], s'ils avaient une âme, et cent autres questions de cette nature[9].

---

1. La référence au Créateur renvoie au déisme de Voltaire.   2. Micromégas évoque les préjugés de son pays. Son offre de protection illustre l'idéal voltarien du *Traité sur la tolérance* (1763).   3. Les exorcismes sont définis (A) comme des paroles et cérémonies pour chasser le démon.   4. Les marins blasphèment, sont brutaux, comme toujours dans les contes de Voltaire quand il y a danger (*Candide*, chap. 5). La succession des prières, des blasphèmes et des systèmes des philosophes produit un effet comique. On entend par système « certaine hypothèse. La manière dont on suppose et conçoit qu'un tout est formé de plusieurs parties, et qui est la cause que les choses agissent comme elles font » (R).   5. À quelles espèces d'êtres ils avaient affaire.   6. Ironie de cette constatation de la part du nain.   7. « Qui est mal fait. Qui n'a nul mérite. Pour qui on n'a point de considération » (A).   8. Au sens de se multiplier.   9. L'accumulation désordonnée des questions

Un raisonneur de la troupe, plus hardi que les autres et choqué de ce qu'on doutait de son âme, observa l'interlocuteur avec des pinnules[1] braquées sur un quart de cercle, fit deux stations[2], et, à la troisième, il parla ainsi : « Vous croyez donc, monsieur, parce que[a] vous avez mille toises depuis la tête jusqu'aux pieds, que vous êtes un... — Mille toises ! s'écria le nain. Juste ciel ! d'où peut-il savoir ma hauteur ? mille toises ! Il ne se trompe pas d'un pouce. Quoi ! cet atome m'a mesuré ! Il est géomètre, il connaît ma grandeur ; et moi, qui ne le vois qu'à travers un microscope, je ne connais pas encore la sienne ! — Oui, je vous ai mesuré, dit le physicien, et je mesurerai bien encore votre grand compagnon. » La proposition fut acceptée ; Son Excellence se coucha de son long, car, s'il se fût tenu debout, sa tête eût été trop au-dessus des nuages. Nos philosophes lui plantèrent un grand arbre dans un endroit que le docteur Swift[3] nommerait, mais que je me garderai bien d'appeler par son nom à cause de mon grand respect pour les dames. Puis, par une suite de triangles liés ensemble, ils conclurent que ce qu'ils voyaient était en effet un jeune homme de cent[b] vingt mille pieds de roi.

Alors Micromégas prononça ces paroles : « Je vois plus que jamais qu'il ne faut juger de rien sur sa grandeur apparente. Ô Dieu, qui avez donné une intelligence à des

---

est comique. Ce qui est en question ici, c'est l'incohérence d'un discours qui mêle observation mal interprétée (monde de baleines) et questions métaphysiques sur l'âme.

1. La pinnule est « une petite plaque de cuivre à chaque extrémité d'une alidade ». L'alidade est « une règle placée sur le centre d'un instrument » (A). Il s'agit d'un instrument qui permet de mesurer.

2. Arrêt que l'on pratique pour se livrer à des observations (A).

3. Jonathan Swift (1667-1745), selon Voltaire, est un écrivain parfois grossier, dans la tradition de Rabelais (*Lettres philosophiques*, lettre 22). Dans le chapitre 2 de *Gulliver*, Swift évoque les excréments du héros. Voltaire trouvait si grossier le mot « cul » qu'il proposa qu'on supprimât le mot cul-de-sac pour le remplacer par impasse.

substances[1] qui paraissent si méprisables, l'infiniment petit vous coûte aussi peu que l'infiniment grand ; et, s'il est possible qu'il y ait des êtres plus petits que ceux-ci, ils peuvent encore avoir un esprit supérieur à ceux de ces superbes animaux que j'ai vus dans le ciel, dont le pied seul couvrirait le globe[a] où je suis descendu. »

Un des philosophes lui répondit qu'il pouvait en toute sûreté croire qu'il est en effet des êtres intelligents beaucoup plus petits que l'homme. Il lui conta, non pas tout ce que[b] Virgile a dit de fabuleux sur les abeilles, mais ce que Swammerdam a découvert, et ce que Réaumur a disséqué[2]. Il lui apprit enfin qu'il y a des animaux qui sont pour les abeilles ce que les abeilles sont pour l'homme, ce que le Sirien lui-même était pour ces animaux si vastes dont il parlait, et ce que ces grands animaux sont pour d'autres substances devant lesquelles ils ne paraissent que comme des atomes. Peu à peu la conversation[c] devint intéressante, et Micromégas parla ainsi.

CHAPITRE VII

CONVERSATION AVEC LES HOMMES[d]

« Ô atomes intelligents, dans qui l'Être éternel s'est plu à manifester[e] son adresse et sa puissance, vous devez sans doute goûter des joies bien pures sur votre globe ; car,

---

1. Se dit de toute sorte de matière (A). **2.** Virgile (70-19 av. J.-C.) dans *Les Géorgiques* (liv. IV). Voltaire est revenu sur les abeilles dans l'article « Abeilles » du *Dictionnaire philosophique*, édition de 1770. Jan Swammerdam (1637-1680), entomologiste qui proposa de classer les insectes selon le type de leur métamorphose. Réaumur (1683-1757) est un naturaliste français qui publia des *Mémoires pour servir à l'histoire des insectes* (1734-1742).

avant si peu de matière et paraissant tout esprit, vous devez passer votre vie à aimer et à penser, c'est la véritable vie des esprits. Je n'ai vu nulle part le vrai bonheur, mais il est ici sans doute. » À ce discours, tous les philosophes secouèrent la tête [1] ; et l'un d'eux, plus franc que les autres, avoua de bonne foi [2] que, si l'on en excepte un petit nombre d'habitants fort peu considérés [3], tout le reste [a] est un assemblage de fous, de méchants et de malheureux « Nous avons plus de matière qu'il ne nous [b] en faut, dit-il, pour faire beaucoup de mal, si le mal vient de la matière, et trop d'esprit, si le mal vient de l'esprit. Savez-vous [c] bien, par exemple, qu'à l'heure que je vous parle il y a cent mille fous de notre espèce, couverts de chapeaux, qui tuent cent mille autres animaux [4][d] couverts d'un turban, ou qui sont massacrés par eux [5], et que, presque [e] par toute la terre, c'est ainsi qu'on en use de temps immémorial ? » Le Sirien frémit et demanda quel pouvait être le sujet de ces horribles querelles entre de si chétifs [6] animaux. « Il s'agit, dit le philosophe, de quelques tas de boue grands comme [f] votre talon. Ce n'est pas [g] qu'aucun de ces millions d'hommes qui se font égorger prétende un fétu sur ces tas de boue [h]. Il ne s'agit que de savoir [i] s'il appartiendra à un certain homme qu'on nomme *Sultan* ou à un autre qu'on nomme, je ne sais pourquoi, *César* [7]. Ni l'un ni l'autre n'a jamais vu ni ne verra [j] jamais le petit coin de terre dont il s'agit, et presque aucun de ces animaux qui s'égorgent mutuellement n'a jamais vu l'animal [8] pour lequel ils s'égorgent.

— Ah, malheureux ! s'écria le Sirien avec indigna-

---

1. Secouer la tête négativement.   **2.** Sincèrement (A).   **3.** Il s'agit sans aucun doute des philosophes.   **4.** Le terme « animaux » montre comment l'intolérance animalise l'homme.   **5.** Allusion, selon les éditeurs, à la guerre austro-russo-turque, qui dura de 1736 à 1739. Plus généralement, Voltaire dénonce tout affrontement au nom de croyances ou de mœurs différentes.   **6.** Au sens de « pauvre », « misérable ».   **7.** Empereur, souverain (R).   **8.** C'est-à-dire leur roi, leur sultan...

tion, peut-on concevoir cet excès de rage forcenée ? Il me prend envie de faire trois pas, et d'écraser de trois coups de pied toute cette*a* fourmilière d'assassins ridicules. — Ne vous en donnez pas la peine, lui répondit-on ; ils travaillent assez à leur ruine. Sachez qu'au bout de dix ans il ne reste jamais la centième partie de ces misérables ; sachez que, quand même ils n'auraient pas tiré l'épée, la faim, la fatigue ou l'intempérance les emportent presque tous. D'ailleurs, ce n'est pas eux qu'il faut punir : ce sont ces barbares sédentaires[1] qui, du fond de leur cabinet[2], ordonnent, dans le temps de leur digestion, le massacre d'un million d'hommes, et qui ensuite en font remercier Dieu solennellement[3]. »

Le voyageur se sentait ému de pitié pour la petite race humaine, dans laquelle il découvrait de si étonnants contrastes. « Puisque vous êtes du petit nombre des sages, dit-il à ces messieurs, et qu'apparemment vous ne tuez personne pour de l'argent, dites-moi, je vous en prie*b*, à quoi vous vous occupez. — Nous disséquons des mouches, dit le philosophe, nous mesurons des lignes[4], nous assemblons des nombres, nous sommes d'accord sur deux ou trois points que nous entendons, et nous disputons sur deux ou trois mille que nous n'entendons pas. » Il prit aussitôt fantaisie au Sirien et, au Saturnien d'interroger ces atomes*c* pensants pour savoir les choses*d* dont ils convenaient[5].

« Combien comptez-vous, dit-il, de l'étoile*e* de la Canicule à la grande étoile des Gémeaux[6] ? » Ils répon-

1. Qui sort rarement. Qui est fixe à un endroit (R). L'adjectif permet d'opposer l'activité des malheureux soldats et l'impassibilité du chef de guerre, roi ou empereur ou sultan, qui, lui, ne risque rien. 2. Au figuré désigne le conseil secret du Roi (R). 3. Cette idée du *Te Deum*, sorte d'action de grâces, pour remercier d'avoir massacré ses ennemis est déjà présente dans les *Lettres philosophiques* (lettre 1). 4. Trait tiré d'un point à un autre (R). Renvoie aux calculs des géomètres. 5. Choses sur lesquelles ils étaient d'accord. 6. La Canicule est un « signe céleste qui se lève avec le soleil, depuis le 24 juillet jusqu'au 23 août » (R) ou une « étoile du grand et du petit chien qui s'appelle

dirent tous à la fois : « Trente-deux degrés et demi.
— Combien comptez-vous d'ici à la lune ? — Soixante
demi-diamètres de la terre en nombre rond. — Combien
pèse votre air ? » Il croyait les attraper, mais[a] tous lui
dirent que l'air pèse environ neuf cents fois moins qu'un
pareil volume de l'eau la plus légère, et dix-neuf cents
fois moins que l'or de ducat[1][b]. Le petit nain de Saturne,
étonné de leurs réponses, fut tenté de prendre pour des
sorciers ces mêmes gens auxquels il avait refusé une âme
un quart d'heure auparavant.

Enfin Micromégas leur dit : « Puisque vous savez si
bien ce qui est hors de vous, sans doute vous savez
encore mieux ce qui est en dedans. Dites-moi ce que
c'est que votre âme, et comment vous formez[c] vos
idées[2]. » Les philosophes parlèrent tous à la fois
comme auparavant ; mais ils furent tous de différents
avis. Le plus vieux citait Aristote, l'autre prononçait le
nom de Descartes, celui-ci de Malebranche, cet autre
de Leibnitz, cet autre de Locke[3]. Un vieux péripatéticien[4] dit[d] tout haut avec confiance : « L'âme est une
entéléchie, et une raison par qui elle a la puissance
d'être ce qu'elle est. C'est ce que déclare expressément
Aristote[e], page 633 de l'édition du Louvre[5] : Ἐντελέ-
χεια ἐστι, etc.

— Je n'entends pas trop bien le grec, dit le géant.

Caniculus » (R). Les Gémeaux : c'est une constellation qui doit son nom
à ses deux principales étoiles : *Castor* et *Pollux*.

1. Le ducat est une sorte de monnaie d'or ; « ducat » signifie une certaine qualité (titre) de l'or.   **2.** La formation des idées est un des
thèmes importants de la réflexion philosophique des Lumières. Voltaire
y réfléchit dans la 13e lettre philosophique consacrée à Locke.   **3.** Aristote est un philosophe grec (384-322 av. J.-C.) ; Descartes (1596-1650),
Malebranche (1638-1715) sont des philosophes français ; Leibniz (1646-
1716) est un philosophe et mathématicien allemand ; John Locke (1632-
1704) est un philosophe anglais qui a profondément marqué Voltaire.   **4.** On appelle péripatéticien un philosophe qui suit la doctrine
d'Aristote.   **5.** Ce texte d'Aristote est le *De anima* II, 2. L'édition évo-
quée est celle de Guillaume du Val de 1619, rééditée en 1629, tome 1.

— Ni moi, non plus, dit la mite philosophique.
— Pourquoi donc, reprit le Sirien, citez-vous un certain
Aristote en grec ? — C'est, répliqua le savant, qu'il
faut bien citer ce qu'on ne comprend point du tout dans
la langue qu'on entend [1][a] le moins. »

Le cartésien prit la parole, et dit : « L'âme est un
esprit pur, qui a reçu dans le ventre de sa mère toutes
les idées métaphysiques, et qui, en sortant de là [b], est
obligée d'aller à l'école, et d'apprendre tout de nouveau ce qu'elle a si bien su et qu'elle ne saura plus [2].
— Ce n'était donc pas la peine, répondit l'animal de
huit lieues, que ton âme fût si savante dans le ventre
de ta mère, pour être [c] si ignorante quand tu aurais de
la barbe au menton. Mais qu'entends-tu par esprit ?
— Que me demandez-vous là ? dit le raisonneur, je
n'en ai point d'idée [d] : on dit que ce n'est pas de la [e]
matière. — Mais sais-tu au moins ce que c'est que
de la [f] matière ? — Très bien, répondit [g] l'homme. Par
exemple, cette pierre est grise et d'une telle forme, elle
a [h] ses trois dimensions, elle est pesante et divisible. —
Eh bien ! dit le Sirien, cette chose qui te paraît être
divisible, pesante et grise, me dirais-tu bien ce que
c'est ? Tu vois quelques attributs [3] ; mais le fond de la
chose [4], le connais-tu ? — Non, dit l'autre. — Tu ne
sais donc point ce que c'est que la matière. »

Alors M. Micromégas, adressant la parole à un autre
sage qu'il tenait sur son pouce, lui demanda ce que
c'était que son âme, et ce qu'elle faisait. « Rien du

---

1. Plaisanterie qui rappelle le latin des médecins de Molière.   2. La théorie cartésienne, sommairement résumée ici, est celle
des idées innées, que Locke avait critiquée.   3. La philosophie classique définit la matière par ses attributs, dont l'étendue.   4. Le fond,
c'est la nature, l'essence de la chose. Voltaire démontre, à sa manière,
que si l'on peut déterminer le comment d'un phénomène, il est inutile
de s'interroger sur son pourquoi.

tout, répondit le philosophe[a] malebranchiste[1], c'est Dieu qui fait tout pour moi ; je vois tout en lui, je fais tout en lui : c'est lui qui fait tout sans que je m'en mêle. — Autant vaudrait ne pas être[2], reprit le sage de Sirius. Et toi, mon ami, dit-il à un leibnitzien qui était là, qu'est-ce que ton âme[b] ? — C'est, répondit le leibnitzien, une aiguille qui montre les heures pendant que mon corps carillonne ; ou bien, si vous voulez, c'est elle qui carillonne pendant que mon corps[c] montre l'heure[3] ; ou bien mon âme est le miroir de l'univers, et mon corps est la bordure du miroir : cela est clair[d]. »

Un petit partisan de Locke[4] était là tout auprès ; et quand on lui eut enfin adressé la parole : « Je ne sais pas, dit-il, comment je pense, mais je sais que je n'ai jamais pensé qu'à l'occasion de mes sens[5]. Qu'il y ait des substances immatérielles et intelligentes, c'est de quoi je ne doute pas ; mais qu'il soit impossible à Dieu de communiquer la pensée à la matière, c'est de quoi je doute fort. Je révère la puissance éternelle, il ne m'appartient pas de la borner ; je n'affirme rien, je me contente de croire qu'il y a plus de choses possibles qu'on ne pense[6]. »

---

1. La position critique de Voltaire face aux théories de Malebranche s'est déjà exprimée dans les *Lettres philosophiques* (13e lettre). En 1744, il reprend ses attaques dans la *Courte réponse aux longs discours d'un docteur allemand*, qui discute la pensée de Leibniz qu'avait défendue le docteur Ludwig Kahle. Selon René Pomeau, dans *La Religion de Voltaire*, Voltaire se rapprocha ensuite de Malebranche. 2. Le sage de Sirius considère que, s'il en était ainsi, vivre n'aurait aucun sens. 3. La comparaison avec le carillon vient de Leibniz. Voltaire l'a utilisée dans les *Éléments de la philosophie de Newton* de 1738. 4. Le partisan de Locke est bien évidemment le porte-parole de Voltaire qui fixe des bornes à la connaissance pour éviter de sombrer dans la métaphysique, sans limiter pour autant la puissance de Dieu. 5. Selon le sensualisme de Locke et des hommes des Lumières, nos idées viennent de nos sens. Nous transformons nos sensations en idées. 6. Une affirmation des *Lettres philosophiques* est très proche. Parlant de Locke, Voltaire note : « C'est dans ce chapitre qu'il ose avancer modestement ces paroles : « Nous ne serons jamais peut-être capables de connaître si un être purement matériel pense ou non » (13e lettre).

L'animal de Sirius sourit : il ne trouva pas celui-là
le moins sage ; et le nain de Saturne aurait embrassé le
sectateur de Locke, sans l'extrême disproportion. Mais
il y avait là, par malheur, un petit animalcule en bonnet
carré[1], qui coupa la parole à tous les animalcules[a] philosophes ; il dit qu'il savait tout le secret, que cela se
trouvait dans la *Somme* de saint Thomas[2] ; il regarda
de haut en bas les deux habitants célestes ; il leur sou-
tint que leurs personnes, leurs mondes, leurs soleils[b],
leurs étoiles, tout était fait uniquement pour l'homme.
À ce discours, nos deux voyageurs se laissèrent aller
l'un sur l'autre en étouffant de ce rire inextinguible
qui, selon Homère, est le partage des dieux[c], leurs
épaules et leurs ventres allaient et venaient, et dans ces
convulsions[3] le vaisseau, que le Sirien avait sur son
ongle, tomba dans une poche de la culotte[4] du Saturnien[d]. Ces deux bonnes gens le cherchèrent longtemps ; enfin ils retrouvèrent l'équipage, et le
rajustèrent[5] fort proprement. Le Sirien reprit les petites
mites ; il leur parla encore avec beaucoup de bonté,
quoiqu'il fût un peu fâché dans le fond du cœur de voir
que les infiniment petits eussent un orgueil presque
infiniment grand. Il leur promit[e] de leur faire un beau
livre de philosophie, écrit fort menu pour leur usage,
et que dans ce livre ils verraient le bout des choses.
Effectivement, il leur donna ce volume avant son

─────────

  1. Le bonnet carré désigne le docteur en Sorbonne, membre d'une
faculté de théologie. Il soutient des thèses anthropocentristes (l'homme
est le centre de l'univers créé) que bat en brèche, depuis le XVIIᵉ siècle,
le mouvement philosophique.   **2.** Saint Thomas d'Aquin (1225-
1274), théologien, auteur de la *Somme théologique* qui a posé les fon-
dements de la théologie catholique.   **3.** Efforts avec contorsions
(R).   **4.** La culotte est une espèce de haut-de-chausse que portent les
hommes, depuis la ceinture jusqu'aux genoux (R).   **5.** Remettre en
ordre (F).

départ[a] : on le porta à Paris, à l'Académie des sciences ; mais, quand le secrétaire[1][b] l'eut ouvert, il ne vit
rien qu'un livre tout blanc[2] : *Ah ! dit-il, je m'en étais
bien douté[c].*

---

1. Avec l'adjectif « vieux » de la variante *b*, on reconnaissait plus
facilement Fontenelle qui mourut centenaire.   **2.** On retrouve ce
livre impossible à lire, celui de la Destinée, dans *Zadig*. La connaissance est-elle impossible ? (Voir préface, p. 23.)

DOSSIER

« À peine a-t-on commencé à s'instruire un peu que la mort arrive avant qu'on ait de l'expérience. » (p. 36)
Illustration de Joseph Hémard, 1923

« Si Voltaire n'est pas à lui seul tout le XVIIIe siècle français, il en incarne pourtant toutes les qualités maîtresses : une pensée audacieuse qui franchit allègrement les limites que posent à sa marche les croyances reçues, les tabous et les superstitions, une sensibilité nourrie de l'immense souffrance des hommes, une soif de justice et de liberté qui s'exaspère au spectacle de la sottise meurtrière, une raison claire, un sens du relatif qui ruinent en l'homme les cristallisations de sa vanité pour lui substituer l'orgueil de sa vraie condition. Voltaire possède de plus, en dons propres, une faculté d'ironie [...] qui se pare de toutes les grâces de l'esprit, un bonheur d'expression fait de force et d'économie, d'élégance et de légèreté. »

Maurice Nadeau, « Voltaire conteur », *in* Voltaire, *L'Ingénu* suivi de *Micromégas*, Le Livre mondial, P., 1953.

« Voltaire aime conter. Cela convient à sa nature. Dans ses ouvrages les plus sérieux, il remplace souvent un raisonnement par une anecdote. Dans les contes il se livre donc à lui-même, en toute liberté. Lui qui se passionnait pour les tragédies, s'intéressait au pathétique des situations, s'attendrissait pour les malheurs de ses héros, il ne pouvait pas ne pas être un bon conteur. Mais ne croyons pas qu'il conte pour le plaisir. Son raisonnement raconte ; mais ses fables démontrent. »

Pierre Grimal, introduction aux *Contes* de Voltaire, Bibliothèque de Cluny, Armand Colin, 1963, texte de 1939.

« *Micromégas* [...] renvoie par toute une série d'allusions éparses aux préoccupations qui furent celles de Voltaire ou de Mme du Châtelet vers 1738-1739. Il porte la marque de leurs recherches philosophiques pendant cette même période. Il offre enfin cette coloration unique d'un moment béni entre tous : celui où Voltaire connut l'exaltation de la pensée pure et l'équilibre de la sagesse. Plus même : celui où il sentit le besoin d'exprimer sa conception du monde sous la forme d'une fiction. [...] Dans cette vision sereine et poétique du cosmos, comment ne pas reconnaître la marque radieuse de ce paradis de Cirey où deux êtres choisis se grisent ensemble des conquêtes de la science newtonienne. [...]

Ainsi donc, la formule est trouvée, l'instrument créé : dans la série des contes ultérieurs, Voltaire saura avec une extrême sûreté les adapter aux vicissitudes de son expérience. »

Jacques Van den Heuvel, *Voltaire dans ses contes*, Armand Colin, 1967.

« *Micromégas* est un conte fantastique et scientifique, assez court, un tour de force étincelant, tout à fait différent des autres contes de Voltaire. On peut le comprendre tel qu'il est : lu comme un simple caprice littéraire, il demeure fascinant, et une foule de détails précis maintient l'illusion. [...] *Micromégas* est une satire plus profonde que *Zadig*. Cette fois Voltaire ne prend pas pour cible quelques aspects particuliers de la société, mais le statut de l'homme tout entier : néanmoins le sens de l'humour y prédomine. Voltaire conserve l'ironie aimable et le sens du ridicule d'un observateur objectif, plutôt que l'agressivité amère d'un homme entièrement engagé. »

Christine North, introduction à Voltaire, *Candide et autres contes*, Le Cercle du bibliophile, 1970.

« Faut-il voir dans *Micromégas* un lointain ancêtre des récits de science-fiction ? La science y joue bien un rôle, mais d'une façon parodique et guère sérieuse. Ou on pense plutôt aux énormités de Rabelais ou à la noirceur de Swift : avant Voltaire, ils surent mesurer eux aussi nos faiblesses en les comparant aux dimensions écrasantes de géants de fantaisie. »

Postface de Raphaël Sorlin, in Voltaire, *Micromégas*, Éditions Mille et une nuits, 1994.

« Les hommes sont aussi des Micromégas : ces parcelles exiguës de matière ont le pouvoir de penser, de se tromper par conséquent, mais également d'attraper quelque vérité. Et leur légèreté ne va pas sans allégresse. Insatisfaits comme tout ce qui vit, ils n'ont pas un sort plus tragique que les autres êtres végétant à travers l'espace. L'immensité même de la nature n'angoisse pas Voltaire comme (peut-être...) elle angoissait Pascal. Elle l'exalte plutôt. Dans l'admirable variété des mondes il aperçoit partout des proportions. L'ordre, marque de l'Être suprême, compense la démesure du cosmos voltairien. »

René Pomeau, *in* Voltaire, *Romans et contes*, Garnier-Flammarion, 1994.

« Tous les hommes sont des Micromégas. Tantôt ils sont très grands, tantôt ils sont infiniment petits. La science grandit l'homme, la discorde le réduit à presque rien. Quant à la métaphysique, c'est l'un des principaux ferments de division, voilà pourquoi le livre remis par Micromégas ne contient que des pages blanches. La métaphysique est, aux yeux de Voltaire, le degré zéro de la pensée. »

Jean-Marie Bigeard, André Dubail, Yves Mirodatos, *Candide, Micromégas et autres contes*, Nathan, 1997.

CHRONOLOGIE

« *Il prit donc un petit microscope de cent soixante pieds
de diamètre qu'il appliqua à sa prunelle...* » (p. 44)
Aquarelle de Charlemagne, 1945

1694 Naissance de François-Marie Arouet dans une famille parisienne socialement bien située. Le père est notaire du duc de Saint-Simon. Le frère de François-Marie sera prêtre et janséniste.

1704 Voltaire entre au collège des jésuites de Louis-le-Grand. Il y aura comme condisciples les d'Argenson.

1711-1713 Début des études de droit.

1713 Voltaire est à La Haye comme secrétaire de l'ambassadeur de France. Il connaît des amours tumultueuses.

1714-1716 Voltaire fréquente les milieux libertins. Premier séjour au château de Sceaux, chez la duchesse du Maine. Pour avoir écrit des vers insolents, il est exilé à Sully-sur-Loire, puis enfermé pendant onze mois à la Bastille.

1718 Il adopte le nom de Voltaire et remporte son premier succès avec la tragédie *Œdipe*.

1723 Il publie *La Henriade*, poème épique qui illustre son horreur du fanatisme et son admiration pour le roi Henri IV, pacificateur de la France.

1726 Rival en amour du chevalier de Rohan, il est bâtonné sur son ordre. On lui refuse la réparation qu'il demande ; il est emprisonné à la Bastille et doit s'exiler en Angleterre. Il en reviendra en 1728. Il a observé le système politique et la vie religieuse. Il a apprécié la philosophie de Locke, les théories scientifiques d'Isaac Newton, et beaucoup lu.

1731 Publication de l'*Histoire de Charles XII, roi de Suède*, une méditation sur l'esprit de conquête et le rôle des héros dans le processus historique.

1732 Il fait jouer la tragédie *Zaïre*.

1734 Il publie les *Lettres philosophiques* ou *Lettres anglaises*. Le livre est saisi et son auteur, menacé d'arrestation, se réfugie à Cirey en Champagne, chez Mme du Châtelet, femme philosophe, passionnée de science. Avec elle, Voltaire commence une lecture critique de la Bible. Dans les années qui suivent (1736), Voltaire entame une correspondance avec Frédéric qui devient roi de Prusse en 1740.

1734-1737 Dans la retraite de Cirey, Voltaire parfait sa culture scientifique. En 1738 on publie une première version des *Éléments de la philosophie de Newton mis à la portée de tout le monde*. Il en donnera des versions corrigées en 1741, 1744, 1745... En 1739 il fait parvenir à Frédéric le *Voyage du baron de Gangan*, qui est à l'origine de *Micromégas*.

1741 Guerre de Succession d'Autriche. Voltaire commence à rédiger l'*Essai sur les mœurs*.

1743 Ses amis les frères d'Argenson font leur entrée au ministère. À leur instigation, Voltaire accomplit une mission secrète à Berlin.

1745 Voltaire est nommé historiographe du roi. Il écrit l'*Histoire de la guerre de 1741* et publie quelques chapitres de l'*Essai sur les mœurs* dans *Le Mercure de France*.

1746 Élection de Voltaire à l'Académie française. Début de sa liaison avec Mme Denis, veuve depuis deux ans et fille de sa sœur.

1747 Il donne une première version de *Zadig* sous le titre de *Memnon*. Un incident à la cour l'oblige à s'éloigner. Il se réfugie à Sceaux auprès de la duchesse du Maine.

1748 Représentation de la tragédie *Sémiramis*. Séjour à la cour du roi Stanislas à Nancy.

1749 Mme du Châtelet meurt en couches d'un enfant conçu avec le poète Saint-Lambert. Voltaire est désespéré.

1750 Voltaire retourne à Paris et cède à une invitation du roi de Prusse, Frédéric II. Les débuts du séjour à Berlin sont idylliques. Mais il se querelle avec Maupertuis, président de l'Académie de Berlin. Frédéric lui ordonne de partir. À Francfort, Voltaire subit un contrôle de douane désobligeant.

1752 Publication de *Micromégas* et du *Siècle de Louis XIV*.

1753-1754 Voltaire se réfugie en Lorraine. Il compose l'*Histoire des voyages de Scarmentado*.

1754-1755 Il s'installe à Genève et achète la propriété des Délices. Il collabore à l'*Encyclopédie*, et commence *Candide*. À la fin de l'année il compose le *Poème sur le désastre de Lisbonne*, à la suite du tremblement de terre qui a dévasté Lisbonne.

1756 L'éditeur Cramer à Genève publie une « Collection complète des Œuvres de M. de Voltaire ». Parution de l'*Essai sur l'histoire générale et sur les mœurs*.

1756-1763 Guerre de Sept Ans. Voltaire joue alors un rôle d'intermédiaire dans les négociations de paix avec la Prusse.

1758 Voltaire s'installe à Ferney, près de Genève. Suite à l'attentat de Damiens contre Louis XV, violente campagne antiphilosophique : *De l'esprit* d'Helvétius et l'*Encyclopédie* sont condamnés. Voltaire achève la rédaction de *Candide*.

1759 Désastres militaires aux Indes et au Canada.

1760 Voltaire est l'objet d'attaques incessantes et se défend. Il publie *Le Pauvre Diable*, satire des gueux de la littérature.

1761 Mlle Corneille, petite-nièce du dramaturge, est accueillie à Ferney. Voltaire la dote et fait publier à son bénéfice une édition des *Œuvres de Corneille* accompagnée de commentaires.

1762 Début des « affaires » : affaire Calas, défense de Sirven (1764) et du chevalier de La Barre (1766).

1763 Publication du *Traité sur la tolérance*.

1763-1764 Voltaire, malade, rédige un ensemble de contes et d'opuscules.

1764 Voltaire écrit le *Discours aux Welches* (les Français), publie un recueil disparate, *Les Contes de Guillaume Vadé*, du nom d'un écrivain mort en 1757, et le *Dictionnaire philosophique portatif*.

1766 Début de la rédaction du conte *L'Ingénu*.

1767 En vue d'écrire *L'Homme aux quarante écus*, il se documente sur l'économie. Il publie *L'Ingénu*.

1768 Publication de *La Princesse de Babylone* et de *L'Homme aux quarante écus*.

1770 Un projet pour élever une statue à Voltaire est lancé par des gens de lettres. Voltaire travaille aux *Questions sur l'Encyclopédie*, résolument antibiblique.

1772 Achèvement des *Questions sur l'Encyclopédie*. Voltaire sent que l'athéisme de d'Holbach, qui publie cette même année *Le Bon Sens, ou idées naturelles opposées aux idées surnaturelles*, menace son déisme.

1773 En février Voltaire est gravement malade. Il achève *Le Taureau blanc*.

1775 Publication de *l'Histoire de Jenni*, qui combat l'athéisme.

1776 Rédaction de *Sésostris*, allégorie inspirée par Louis XVI.

1778 Voltaire revient à Paris après presque trente ans d'absence. Il assiste à la représentation de sa tragédie *Irène*. L'accueil est enthousiaste. Il participe aux séances du dictionnaire, tombe malade et meurt le 30 mai à l'âge de 84 ans.

1785-1789 Publication des *Œuvres complètes de Voltaire* en 70 volumes, à Kehl, par Beaumarchais, Condorcet et Decroix.

1791 Transfert des cendres de Voltaire au Panthéon.

« Les passagers et les gens de l'équipage, qui s'étaient crus enlevés par un ouragan... » (p. 46)
Illustration de Joseph Hémard, 1923

BIBLIOGRAPHIE

*« Je ne doute pas que si quelque capitaine des grands grena-
diers lit jamais cet ouvrage, il ne hausse de deux grands
pieds au moins les bonnets de sa troupe... »* (p. 47)
Illustration de Joseph Hémard, 1923

I. *Éditions et notoriété de* Micromégas

1. *Éditions corrigées du vivant de Voltaire*

Le travail minutieux d'examen et de comparaison des éditions anciennes de *Micromégas* mené par le professeur Ira O. Wade dans *Voltaire's* Micromégas (Princeton, Princeton University Press, 1950), puis par Frédéric Deloffre et Jacques Van den Heuvel qui l'ont complété dans leur édition des *Romans et contes* de Voltaire, Gallimard, collection de la Pléiade, 1979, [PL], permet de déterminer les éditions significatives de *Micromégas* du vivant de Voltaire.

I. *Le / Micromégas / de / Mr. de Voltaire. / :* À Londres. Pas de date (1752) ; 1 folio non numéroté et 92 pages.

Texte composé à la hâte et fautif. C'est l'édition originale selon les spécialistes. [Sigle *s. d.* (sans date)]

II. *Le / Micromégas / de / Mr de Voltaire /* À Londres / 1752.

In-12, 1 folio non numéroté et 92 pages. Édition piratée de la précédente, dont elle corrige quelques erreurs. [52]

III. *Le / Micromégas / de / Mr de Voltaire / avec / Une Histoire des Croisades / & / Un Nouveau Plan / De*

l'*Histoire de l'Esprit Humain* / Par le Même /
Londres / 1752.
Petit in-8°, 1-40. Voltaire, trouvant le mélange indu,
a protesté contre cette édition hybride, qui comporte
quelques corrections par rapport à 52. [52 A]

IV. *La / Henriade / et autres / Ouvrages / du même
auteur*./ Nouvelle édition / revue, corrigée, avec des
augmentations considérables,/ particulières et incor-
porées dans tout ce recueil. / Enrichi (*sic*) de
56 figures. Tome Sixième [changé en Dixième] / À
Londres,/ Aux dépens de la société,/ MDCCL.
Dans cette suite, la page de titre de *Micromégas* se
présente ainsi :
Micromégas,/ par Monsieur / de Voltaire./ À Berlin,/ Aux dépens de l'auteur./ MDCCL.
Cette édition occupe les pages 1 à 48. Elle se fonde
sur les précédentes, donne quelques corrections sup-
plémentaires et de nombreux ajouts. Sa date fait problème. Elle a servi aux traductions anglaise et
allemande de 1752. [50]

V. *Le / Micromégas, par Monsieur / de Voltaire*./ *Avec
/ Une Histoire des Croisades / et / Un Nouveau Plan
/ De l'Histoire de l'Esprit humain*./ Par le même./ À
Berlin./ 1753.
Cette édition, basée sur 52 A, inclut les corrections
de 50 et en ajoute quatre mineures. [53]

VI. *Œuvres / de / Mr de Voltaire* / Nouvelle édition /
revue / et corrigée / et considérablement augmentée
/ par l'auteur / enrichie de figures en taille-douce./
Tome Dixième / À Dresde 1754 / chez George
Conrad Walther / Librairie du Roi / avec privilège.
Micromégas occupe les pages 275-300, avec pour
la première fois comme titre *Micromégas, histoire
philosophique*. Cette édition comporte de nombreuses corrections. Elle fixe le texte de *Micromégas*. [54]

Toutes les éditions qui suivent jusqu'à 89 et qu'énumère l'édition de la Pléiade déjà citée (pp. 706-707) reproduisent le texte et le titre de 54.

La critique admet unanimement que l'édition sans date (s. d.) de Londres est l'originale. Cette édition entretient avec 52 et 52 A des rapports étroits ; 50 et 53 font partie, elles aussi, de ce groupe. On peut admettre que s. d., 52 et 52 A représentent un ensemble où le texte initial est corrigé d'erreurs et de négligences, et que Voltaire, dans 50, rectifie stylistiquement son texte dans le sens d'une plus grande économie, effort poursuivi dans 54.

Micromégas a été publié et republié au XVIIIᵉ siècle. Il entre dans la série des *Voyages imaginaires, songes et visions*, tome 23, section des « voyages imaginaires merveilleux », Amsterdam, Paris, 1788. Il est immédiatement traduit en allemand, et en anglais en 1752 sous le titre de *Micromégas, a comic romance being a severe satire upon the philosophy, ignorance and self-conceit of mankind*. En 1787 est publiée une traduction en russe et en 1819, à Bordeaux, une traduction en espagnol par le célèbre abbé révolutionnaire José Marchena.

2. *Éditions modernes de* Micromégas

Selon le catalogue de la Bibliothèque nationale de France, il existe 104 éditions de *Micromégas* (contre 267 de *Candide*). Le texte est rarement donné seul. Il accompagne le plus souvent *Candide, Zadig* ou *L'Ingénu*. S'il n'appartient pas à la série des contes les plus connus de Voltaire, il bénéficie d'une notoriété égale à celle de *La Princesse de Babylone* et, en tout cas, bien supérieure à l'*Histoire des voyages de Scarmen-*

tado, à *L'Homme aux quarante écus*, ou aux *Lettres d'Amabed...*

L'analyse sommaire des éditions de *Micromégas* montre que sa réputation s'est toujours maintenue et n'a pas connu de véritable éclipse. On le publie tout au long du XIXᵉ siècle, avec quelques fléchissements, et une remontée au XXᵉ siècle. *Micromégas* n'a cessé d'être un texte de référence des Lumières, de la philosophie, des contes et du style de Voltaire. Les éditions modernes en sont nombreuses et souvent précédées de préfaces instructives.

Voltaire, *Romans et contes*, publiés avec une introduction et des notices par Jacques Bainville, P., Cité des Livres, 1925. *Micromégas* se trouve dans le tome 1.

Voltaire, *L'Ingénu* suivi de *Micromégas*, contenant « Voltaire » par Émile Henriot, « Voltaire conteur » par Maurice Nadeau et « Voltaire et l'esprit d'universalité » par Henri Clouard, P., Le livre mondial, 1953.

Romans et contes de M. de Voltaire, publiés en deux volumes, avec une introduction par Jean Varloot, P., Club des amis du livre progressiste, 1959. *Micromégas* se trouve dans le tome 1.

Voltaire, *L'Ingénu, L'Homme aux quarante écus et autres contes*, texte établi et présenté par Pierre Grimal, Bibliothèque de Cluny, Armand Colin, 1963.

Voltaire, *Candide et autres contes (Zadig, Micromégas, L'Ingénu, La Princesse de Babylone)*, introduction et analyse de l'œuvre par Christine North, Le Cercle du bibliophile, 1970.

Voltaire, *L'Ingénu, Micromégas*, édition par Jacques Spica, P., Bordas, « Univers des Lettres », 1984.

Voltaire, *Romans et contes*, édition établie par René Pomeau, P., Garnier-Flammarion, 1994.

Voltaire, *Candide, Micromégas et autres contes*, annotés et présentés par Jean-Marie Bigeard, André Dubail, Yves Mirodatos, Nathan, 1997.

De nombreuses éditions illustrées modernes de *Micromégas* existent, par Joseph Hémard (1923), par Henri Monier (1942), par Charlemagne (1945), par Marius Petit (1945), par Maurice Pouzet (1948).

II. *Études critiques*

Jean GOULEMOT, André MAGNAN, Didier MASSEAU, *Inventaire Voltaire*, Gallimard, coll. « Quarto », 1995.

René POMEAU, *Voltaire par lui-même*, Seuil, 1955.

— *La Religion de Voltaire*, Nizet, 1956, 1969.

— (avec collaborateurs), *Voltaire en son temps*, n^elle édition, Fayard, Oxford, Voltaire Foundation, 2 vol., 1995.

Ira OWEN WADE, *The intellectual development of Voltaire*, Princeton, N. J., Princeton University Press, 1969.

William BARBER, « The genesis of Voltaire's *Micromégas* », in *French Studies*, 1957, pp. 1-15.

George R. HAVENS, « Voltaire's *Micromégas* (1739-1752), Composition and publication », *Modern Language Quarterly*, XXXIII, juin 1972, pp. 113-118.

Jean MACARY, « Statut des personnages dans *Micromégas* et *Candide* », in *Colloque 76* (1983, n° 34), pp. 173-183.

Jacques VAN DEN HEUVEL, *Voltaire dans ses contes. De Micromégas à L'Ingénu*, Armand Colin, 1967.

Robert L. WALTERS, « La métaphysique de Newton et les premiers contes de Voltaire », in *Colloque 76* (1983, n° 34), pp. 155-171.

« *Nos philosophes lui plantèrent un grand arbre dans un endroit que le docteur Swift nommerait...* » (p. 52)
Illustration de Joseph Hémard, 1923

VARIANTES

« ... *vous devez passer votre vie à aimer et à penser...* »
(p. 54)
Illustration de Joseph Hémard, 1923

p. 29

a. « Dans le globe de Saturne » (s.d. ; 52 ; 52 A ; 50 ; 53 ; 54) et « dans la planète de Saturne et sur la Terre » (édition de 1781, Londres).
b. Var : « Dans ces planètes » (s.d.).

p. 30

a. Var : « Quelques géomètres, gens... » (52 ; 52 A ; 50 ; 53).
b. Var : « le tout dans une demi-heure » (50).

p. 31

a. Var : « Son nez étant le tiers de son visage, et son beau visage étant la septième partie de la hauteur de son beau corps, il faut avouer que le nez du sirien a six mille trois cent trente-trois pieds de Roi, plus une fraction, ce qui était à démontrer » (s.d. ; 52 ; 53 A ; 50 ; 53).
b. Var : « au collège le plus célèbre de sa planète » (52 ; 52 A ; 50 ; 53).
c. Var : « à ce que dit sa sœur, aima mieux depuis être un assez médiocre métaphysicien qu'un grand géomètre. Vers » (s.d. ; 52 ; 52 A ; 50 ; 53).

p. 32

a. Var : « téméraires, sentant... » (s.d. ; 52 ; 52 A ; 53).

b. Var : « esprit ; le procès » (s.d. ; 52 ; 52 A).

p. 33

a. Var : « comme un oiseau qui voltige » ; cette variante selon (PL) appartiendrait à une édition de 1776 des romans et contes parue à Londres.

b. Var : « Il parcourt la voie lactée » (52 A ; 50 ; 53).

c. Var : « jamais au travers des étoiles » (s.d. ; 52 ; 52 A).

d. Var : « dont on la croit semée » (s.d. ; 52 ; 52 A ; 50 ; 53).

e. Var : « Dresham » (s.d. ; 52 ; 52 A ; 50 ; 53).

f. Var : « bout de la lunette » (52 A ; 53).

g. Var : « il ne put d'abord se défendre de ce sourire de supériorité qui échappe quelquefois aux plus sages, en voyant la petitesse du globe et de ses habitants ; car enfin » (s.d. ; 52 ; 52 A ; 50).

p. 34

a. Var : « il se moqua » (s.d. ; 52 ; 52 A).

b. Var : « le Sirien était un bon esprit » (s.d. ; 52).

c. Var : « vérité jamais rien inventé » (50).

d. Le titre de ce chapitre est parfois : « Conversation de Micromégas avec l'habitant de Saturne » (s. d. ; 52 ; 52 A).

p. 35

a. Var : « est comme » (s. d. ; 52 ; 52 A).

b. Var : « ne veux pas qu'on » (s. d. ; 52 ; 52 A ; 53).

c. Var : « plaise, dit le voyageur » (s. d. ; 52 ; 52 A ; 50 ; 53).

d. Selon (PL), il y aurait là une variante non répertoriée par Ira Wade, p. 711, note e.

e. Var : « malgré notre » (s. d. ; 52 ; 52 A).

p. 36

a. Var : « satisfactions » (52 A ; 50 ; 53 ; 54).

b. Var : « donné des nouvelles » (52 A ; 50 ; 53 ; 54 ; 56 ; 70).

c. Var : « conjectures ; après » (s. d. ; 52 ; 52 A).

d. Var : « il fallut en venir aux faits » (s. d. ; 52 ; 52 A).

e. Var : « ans environ » (52 ; 52 A ; 53).

f. Var : « moment où l'on est né » (s. d. ; 52 ; 52 A ; 50 ; 53).

p. 37

a. Var : « avant que l'on ait l'expérience » (s. d. ; 52 ; 52 A ; 53), mais aussi : « avant que l'on ait de l'expérience » (50).

b. Var : « par le don des pensées et des désirs » (s. d. ; 52 ; 52 A).

p. 38

a. Var : « ne pouvait subsister » (50).

b. Var : « n'ont pas d'étendue » (s.d. ; 52 ; 52 A).

p. 39

a. Var : « Voyage de deux habitans de l'autre monde » (s. d. ; 52 ; 52 A ; 50 ; 53).

b. Var : « s'embarquer pour l'atmosphère » (s. d. ; 52 ; 52 A ; 50 ; 53).

c. Var : « fort jolie » (s. d. ; 52 ; 52 A).

d. Var : « passé cent ans » (édition de Voltaire de Kehl notée [K].

p. 40

a. Var : « allèrent de lune » (74 ; K).
b. Var : « leur domestique » (s.d. ; 52 ; 52 A).
c. Voir note page 712 (PL) qui indique une variante.
d. Var : « qui m'a fait voir » (s. d. ; 52 ; 52 A).
e. Var : « louer. Aussi je lui promets un long article dans la première édition qu'on fera du Moreri *[Dictionnaire historique]*, et je n'oublierai pas surtout messieurs ses enfants qui donnent une si grande espérance de perpétuer la race de leur illustre père » (s. d. ; 52 ; 52 A ; 53).
f. Var : « cinq cents fois » (s. d. ; 52 ; 52 A).

p. 41

a. Var : « planète, qui » (s. d. ; 52 ; 52 A).
b. Var : « écrira, même » (s. d. ; 52 ; 52 A).
c. Var : « coucher, ils » (s. d. ; 52 ; 52 A ; 53).
d. Var : « s'en repentirent » (s. d. ; 52 ; 52 A ; 53).
e. Var : « de repentir » ; voir (PL).
f. Var : « boréale, qui était toute prête » (s. d. ; 52 ; 52 A ; 50 ; 53).

p. 42

a. Var : « Après s'être reposés quelque temps, ils voulurent » (s. d. ; 52 ; 52 A ; 50 ; 53).
b. Var : « de Saturne dont la taille n'était que de mille toises suivait » (s. d. ; 52 ; 52 A ; 50 ; 53).
c. Var : « quand l'autre ne faisait qu'une enjambée » (s. d. ; 52 ; 52 A).
d. Var : « de faire telles » (54).
e. Var « capitaine de gardes » (s. d. ; 52 ; 52 A ; 50 ; 53).

f. Var : « eux, que l'on nomme » (s. d. ; 52 ; 52 A).

g. Var : « Le nain n'en avait jamais jusqu'à mi-jambe » (s. d. ; 52 ; 52 A) ; « Le nain n'en avait jamais eu jusqu'à mi-jambe » (50 ; 53).

h. Var : « en allant dessus » (s. d. ; 52 ; 52 A).

p. 43

a. Var : « yeux et leur main n'étaient pas proportionnés (*sic*) » (s. d. ; 52 ; 52 A).

p. 44

a. Var : « sens n'y voudraient pas demeurer » (s. d. ; 52 ; 52 A).

b. Dans (K), on trouve « peut-être pour cette raison là » (PL).

c. Var : « de diamants. Ces diamants » (s. d. ; 52 ; 52 A).

d. Var : « de la façon qu'ils étaient taillés » (50).

p. 45

a. Var : « fois de voir l'excès » (s. d. ; 52 ; 52 A).

b. Var : « monde était habité » (s. d. ; 52 ; 52 A).

c. Var : « tirait son origine, son mouvement » (s. d. ; 52 ; 52 A ; 50 ; 53). (PL) se demande s'il ne s'agit pas là du bon texte.

d. Var : « qu'il n'y avait pas d'esprit » (s. d. ; 52 ; 52 A).

e. Var : « quelque chose d'aussi gros » (s. d. ; 52 ; 52 A ; 50 ; 53).

f. Var : « temps-là une volée » (50). Selon (A), se dit figurément des gens qui sont du même âge, de même profession, de même condition et surtout des jeunes gens ; exemple : « une volée de beaux esprits ».

g. Var : « jamais en ce monde » (s. d. ; 52 ; 52 A ; 50).

p. 46

a. Ce chapitre est sans titre dans s. d. ; 52 ; 52 A ; 50 ; 53.
b. Var : « l'endroit d'où l'objet » (s. d. ; 52 ; 52 A ; 53).
c. Var : « prennent leur quart de cercle, leur secteur, deux filles » (s. d. ; 52 ; 52 A).
d. Var : « sur le doigt du Sirien » (s. d. ; 52 ; 52 A).
e. (PL) signale que Wagnière, secrétaire de Voltaire, a indiqué qu'il faut corriger « d'un pied de profondeur dans le doigt index ».

p. 47

a. Var : « n'avait pas de prise » (s. d. ; 52 ; 52 A).
b. Var : « je ne prétends pas choquer » (s. d. ; 52 ; 52 A).
c. Var : « à peu près la soixante millième partie d'un pied en hauteur » (s. d. ; 52 ; 52 A ; 50 ; 53).
d. Var : « ces batailles qui font gagner au vainqueur un village pour le perdre ensuite. / Je ne doute » (s. d. ; 52 ; 52 A ; 50 ; 53).
e. Var : « capitaine de grands » (s. d. ; 52 ; 52 A ; 50 ; 53 ; 54).
f. Var : « faire, que » (s. d. ; 52 ; 52 A ; 53).
g. Var : « seront que » (s. d. ; 52 ; 52 A).
h. Var : « philosophe sirien pour » (s. d. ; 52 ; 52 A ; 50 ; 53).
i. Les variantes au cours des éditions sont nombreuses. Voltaire a successivement écrit : Vanheoeck (s. d. ; 52 ; 52 A), Wenhoeck (50), Leuwenhoeck (53), Lewenhoeck (54)...

p. 48

a. Var : « les premiers la graine » (s. d. ; 52 ; 52 A ; 50 ; 53).
b. Var : « tous les deux » (s. d. ; 52 ; 52 A ; 50 ; 53).
c. Variantes possibles : « qu'on se serve ou non du microscope » (s. d. ; 52 ; 52 A) ; « serve ou non de microscope » (50 ; 53 ; 54)...

p. 49

a. Var : « AVEC LES HOMMES » (s. d. ; 52 ; 52 A).
b. Var : « il ne voulut pas croire » (s. d. ; 52 ; 52 A).
c. Var : « il n'entendait pas parler » (s. d. ; 52 ; 52 A).
d. Var : « D'ailleurs comme ces êtres » (s. d. ; 52 ; 52 A).
e. Var : « à une espèce » (s. d. ; 52 ; 52 A ; 50 ; 53).

p. 50

a. Var : « La voix plus faible » (52 A ; 50 ; 53).
b. Var : « Ils entendaient parler des mites d'assez bon sens » (s. d. ; 52 ; 52 A ; 50 ; 53).
c. Var : « sur son ongle » (s. d. ; 52 ; 52 A ; 53).

p. 51

a. Dans (K), l'expression est réduite à « des secrets impénétrables ».
b. Var : « il y eut quelqu'un » (s. d. ; 52).
c. Var : « firent des systèmes ; mais » (s. d. ; 52 ; 52 A).
d. Var : « leur avait appris alors » (s. d. ; 52 ; 52 A).
e. Var : « leur raconta le voyage » (s. d. ; 52 ; 52 A).

p. 52

a. Var : « Vous croyez donc, monsieur, que parce
que » (s. d. ; 52 ; 52 A).
b. Var : « était un beau jeune homme [« homme »
est omis dans 52] de cent » (s. d. ; 52 ; 52 A ; 50 ;
53).

p. 53

a. Var : « dont le pied seul est plus grand que le
globe » (s. d. ; 52 ; 52 A ; 50 ; 53).
b. Var : « non pas ce que » (s. d. ; 52 ; 52 A).
c. Var : « Peu après la conversation » (s. d. ; 52 ;
52 A ; 50 ; 53).
d. Var : « CONVERSATION DE CES DEUX
ÊTRES AVEC DES HOMMES » (s. d. ; 52 ; 52 A ;
50 ; 53).
e. Var : « dans qui l'Être éternel semble s'être plu
à manifester » (s. d. ; 52 ; 52 A ; 50 ; 53).

p. 54

a. Var : « considérés, le reste » (s. d. ; 52 ; 52 A).
b. Var : « qu'il nous » (s. d. ; 52 ; 52 A).
c. Var : « vient de la matière. Savez-vous » (54).
d. Var : « cent mille animaux » (s. d. ; 52 ; 52 A).
e. Var : « et presque » (s. d. ; 52 ; 52 A).
f. Var : « Il s'agit de quelque tas de boue grand
comme » (s. d. ; 52 ; 52 A ; 50 ; 53).
g. Var : « talon ; mais ce n'est pas » (s. d. ; 52 ; 52
A ; 50 ; 53).
h. Var : « sur ce tas boue » (*sic*) (s. d.) ; « sur ce tas
de boue » (52 ; 52 A ; 50 ; 53).
i. Var : « que savoir » (52 A ; 53).
j. Var : « un autre qu'on nomme César. Ni l'un ni
l'autre ne verra » (s. d. ; 52 ; 52 A).

p. 55

a. Var : « pied cette » (s. d. ; 52 ; 52 A ; 50 ; 53).
b. Var : « je vous prie » (s. d. ; 52 A).
c. Var : « d'interroger les atomes » (s. d. ; 52 ; 52 A).
d. Var : « pour voir les choses » (s. d. ; 52 ; 52 A ; 50 ; 53 ; 5 ; 56).
e. Var : selon (PL), (K) donne « comptez-vous, dit celui-ci, de l'étoile... ».

p. 56

a. Var : « Il croyait les effrayer, mais » (s. d. ; 52).
b. Var : « que l'air pèse environ dix neuf cent fois moins que l'or ducat » (s. d. ; 52) ; « que l'air pèse environ dix-neuf cents fois moins que l'or ducat » (52 A). La présente édition choisit la leçon établie par les éditeurs de (PL).
c. Var : « et comme vous formez » (s. d. ; 52 ; 52 A ; 50 ; 53 ; 54).
d. Var : « Un vieux péripaticien (*sic*) dit » (s. d. ; 52 ; 52 A).
e. (PL) propose une variante et une correction de la citation grecque. Voir note h, page 717.

p. 57

a. Var : « comprend pas du tout dans la langue que l'on entend » (s. d. ; 52 ; 52 A).
b. Var : « et qui, en partant de là » (s. d. ; 52 ; 52 A).
c. Var : « pour y être » (52). La correction n'est pas nécessaire.
d. Var : « je n'en ai pas d'idée » (s. d. ; 52 ; 52 A).
e. Var : « pas la » (s. d. ; 52 ; 52 A).
f. Var : « que la » (s. d. ; 52 ; 52 A ; 50 ; 53).
g. Var : « bien, lui répondit » (s. d. ; 52 ; 52 A).
h. Var : « forme, a » (s. d. ; 52 ; 52 A).

p. 58

a. Var : « du tout, dit le philosophe » (s. d. ; 52 ; 52 A).
b. Var : « qu'est-ce que ton âme ? » (s. d. ; 52 ; 52 A) et « qu'est-ce que c'est que ton âme ? » (50 ; 53).
c. Var : « si vous voulez, mon corps » (s. d. ; 52 ; 52 A). Omission de « c'est elle qui carillonne ».
d. Var : « du miroir : tout cela est clair » (s. d. ; 52 ; 52 A ; 50 ; 53).

p. 59

a. Var : « parole à tous les autres animalcules » (s. d. ; 52 ; 52 A ; 53).
b. Var : « leurs modes, leurs soleils » (s. d. ; 52 A ; 50 ; 53).
c. Var : « dieux ; et dans ces convulsions » (s. d. ; 52 ; 52 A).
d. Var : « dans la poche du Saturnien » (s. d. ; 52) ; « dans une poche du Saturnien » (52 A ; 50 ; 53).
e. Var : « proprement. Le Sirien reprit les petites mites, leur parla encore, et leur promit » (s. d. ; 52 ; 52 A ; 50 ; 53).

p. 60

a. Var : « de philosophie, qui leur apprendrait des choses admirables et qu'il leur montrerait le bon des choses. Effectivement, il leur donna ce livre avant son départ » (s. d. ; 52 ; 52 A ; 50 ; 53).
b. Var : « le vieux secrétaire » (s. d. ; 52 ; 52 A ; 50 ; 53).
c. Var : s. d. ; 52 ; 52 A ; 53 ajoutent « FIN DE L'HISTOIRE DE MICROMÉGAS ».

Table

Illustrations

Tous les documents reproduits dans cette édition proviennent de la Bibliothèque Nationale de France.

Composition réalisée par NORD COMPO

Imprimé en France sur Presse Offset par

BRODARD & TAUPIN

GROUPE CPI

La Flèche (Sarthe).
N° d'imprimeur : 11630 – Dépôt légal Édit. 20261-04/2002
LIBRAIRIE GÉNÉRALE FRANÇAISE - 43, quai de Grenelle - 75015 Paris.

ISBN : 2 - 253 - 14904 - 4   ◈ 31/4904/4